体育赛事
与城市品牌建设研究

郑红艳 著

中国轻工业出版社

图书在版编目（CIP）数据

体育赛事与城市品牌建设研究 / 郑红艳著. —北京：中国轻工业出版社，2025. 6

ISBN 978-7-5184-4890-6

Ⅰ. ①体… Ⅱ. ①郑… Ⅲ. ①运动竞赛-关系-城市管理-品牌战略-研究-中国 Ⅳ. ①G808.22
②F299.23

中国国家版本馆CIP数据核字（2024）第045438号

责任编辑：张　晗　　责任终审：高惠京　　设计制作：锋尚设计
策划编辑：张　晗　　责任校对：吴大朋　　责任监印：张　可

出版发行：中国轻工业出版社（北京鲁谷东街5号，邮编：100040）
印　　刷：三河市万龙印装有限公司
经　　销：各地新华书店
版　　次：2025年6月第1版第1次印刷
开　　本：710×1000　1/16　印张：9.5
字　　数：220千字
书　　号：ISBN 978-7-5184-4890-6　定价：79.80元
邮购电话：010-85119873
发行电话：010-85119832　010-85119912
网　　址：http://www.chlip.com.cn
Email：club@chlip.com.cn

230291K6X101ZBW

前 言

城市营销需要借助一些载体才能实现，体育赛事便是其中之一。在城市持续发展、空间持续萎缩，人们的生活方式也变得越来越刻板的当下，体育赛事不仅让人们有机会接触大自然和生态环境，也为其提供锻炼身体的途径，体育健身运动乃至体育比赛也是在如此的契机下不断加快发展速度，它们在人们生活水平持续提高的过程中获得大量发展机遇，进而发展成城市居民的文化生活表现形式。美国社会哲学家刘易斯·芒福德于《城市发展史》中曾说过，城市除了可储备文化以外，还具有创造、流传文化等作用。在体育竞赛场馆中，城市的物质属性和文化属性被充分融合，这一点从欧洲某些发展时间较长的工业重镇，如都灵、赫尔辛基、鹿特丹等即可看出，不管是组织体育赛事或是在室内设立的运动俱乐部、各大运动场所都能反映出城市的物质结构。在科技持续发展、交通越来越便捷、媒介产业进入高速发展阶段的当下，全球化发展已成必然趋势，这也让越来越多的城市开始重视打造或传播城市“品牌”，这关系到全球各国投资方和旅游者对该城市是否认可，也会给城市的经济发展、就业及文化传播造成直接影响。因而，在城市经济持续发展期间，很多城市需通过各种方式展开宣传或营销活动，以此美化城市形象。体育赛事凭借着能够容纳文化、经济和政治等多种发展元素的优势，成为最重要的传播载体之一。尤其重大体育赛事会对城市建设造成极大影响，是优化城市形象、突出其竞争优势的关键所在，还具有改变公众心理、吸引各国传媒等作用。由此可看出，体育赛事具备事件营销功能，在该功能的影响下，体育赛事与城市产生了密切关联。

体育赛事除了能优化城市形象以外，还可用于传递城市品牌价值。如英国著名的工业城市谢菲尔德市就是通过组织体育赛事转型升级成著名的文化旅游城市。水平较高的体育赛事，既可用于优化城市形象，还能突出其特征，让人们提到某一赛事时就联想到某一城市。2008年于北京举办的奥运会，是北京进入国际社会的重要契机；南非更是在举行2010年的世界杯之后，备受全球各国关注。可以说，体育赛事可以让一座城市甚至国家拥有更加立体的形象。在媒介发展、信息爆炸的21世纪，无论是奥运会、世界杯，还是知名的俱乐部或与之相关的联赛，都能让举办城市得到世界各个国家的关注。体育赛事不仅能提高城市在国际社会上的曝光度，还可让处于发展阶段的城市，打造出一张通往国际社会的“名片”。

在发展城市品牌期间，体育赛事是非常重要的工具。尤其是进入现代社会后，体育和艺术及城市文化的融合成为提高城市吸引力的重要渠道。如果能成功举办一场优质体育赛事，结合高效的城市运行和公共服务体系，不仅能为举办城市带来投资，还具有刺激消费、优化经济结构、加快产业升级等作用。在体育赛事成功举办后，还能组织各种各样的活动、提高城市吸引力及美誉度，通过动态化方式打造号召力极强的“文旅品牌”。借助该品牌刺激旅游消费，不仅能获取更多商贸发展机遇、维持经济的稳步发展，还可推动城市转型升级，并展示出城市独特的文化魅力。

本书围绕体育赛事与城市品牌建设展开探讨，在简述体育赛事的构成，探讨其运作、管理和营销机制之余，深入研究体育赛事与城市品牌形象建设的关系，令读者了解体育赛事在城市发展中的作用与意义。本书还分析了与体育赛事有关的品牌建设和体育文化传播理论，有利于城市品牌建设及赛事组织等工作的开展。

著者

目　录

第一章

体育赛事概述

体育是人类基于某种目的、组织相关成员共同参与后形成的文化活动，体育和竞赛有着密切关联。组织各种各样的竞赛，能提高体育在社会的知名度，进而获得民众的认可。尤其是在竞技体育发展期间，体育赛事是非常关键的驱动力，它不仅呈现出社会文化的多元化特性，还加快了社会文明的发展速度。本章将着重围绕体育赛事的发展、概念及相关理论展开分析，希望能加深体育运动爱好者或参与者对体育赛事的了解。

第一节　体育赛事的起源与发展

一、体育赛事的起源

体育赛事是在体育运动持续发展过程中应运而生的特殊体育文化，其特性是具有经济属性，观察体育赛事的发展史不难看出，其实现快速发展目标并成为世人认可的重要活动的原因是其经济属性发挥了重要作用。

（一）早期游戏竞技

人类发展初期的生产活动及运动中，就有体育赛事的踪迹。人类早期的生存需要通过各种手段获得满足生产及生活需求的资料，比如为了狩猎而练习各种投掷以及射箭技术而展开的各种活动及运动，皆为体育赛事的雏形。在当时的社会环境中，这是他们存活下来的重要手段。

据相关史料记载，旧石器时代中期人们就开始制作和使用工具，这一改变提高和丰富了人类的生产技能，也从客观层面推动了人类语言、思维及社会文明的发展，给人们提供了大量获取生活或生产资料的渠道，让人们有更多的时间去娱乐或展开休闲活动。

旧石器时代晚期，人们为了更好地生存下去，开始尝试着制作复合工具，比如满足狩猎需求的弓箭、标枪。同时，人类社会出现了原始的纺织业、制陶业、农业，甚至畜牧业，社会环境、生活模式的变动令生产劳动的复杂系数大大提升。面对与过去截然不同的生存环境，人们必须掌握复杂的射箭或投掷等技能才可能获得生存物资。为此，他们把已经掌握的技能或动作细化成多个类型，再展开针对性的练习，其身体机能也因此而得到锻炼。各部落或族群的长者也会选择多个符合相关要求的青年人，安排其学习各种满足生产或劳动需求的技能，还会组织各种与之相关的竞技或其他游戏活动来督促他们的学习，检验他们的学习成果，这便是人类体育竞赛活动最初的表现形式。

最初，人们是根据生产活动中需要用到的技能和动作编排身体活动。活动开始前要设定统一的条件，利用这些条件对所有参与者加以约束，参与者遵循条件，活动才能正常开展。久而久之便形成具体的约定条款，这就是最早出现的游戏活动规则。此外，竞赛需要多个参与者共同参与，他们之间必然存在技能差异，竞赛的获胜者就是最强者。在明确竞赛规则、确定竞赛获胜者可获得的嘉奖后，逐渐演变成包含竞赛参与者、规定和场所器材等元素在内的竞赛形式。围观者可以在竞赛区域外围为竞赛者加油打气，最后胜出者将得到众人的赞赏，以此体现出此类游戏活动的竞技属性。这种带有竞技特征的身体游戏活动，是现代体育赛事的雏形。

随着竞技类身体游戏活动的持续发展，其游戏内容越来越丰富、游戏形式和规范度随之提高。从人类的生存史来看，这种游戏不仅可推动人们学习或掌握各类生产生活技能，还具有娱乐、休闲等作用，对古代人类社会的发展有极大的推动作用。

（二）古代体育赛事的形成

笔者对古代体育赛事展开研究后发现，古代体育赛事的形成与以下几个因素有极大关联：

（1）“游戏”是体育赛事的雏形，人们最开始参与身体活动时，将其视为相对高级的游戏形式，很多参与者进入游戏之后会产生与他人“比较一番”的感觉，都想在竞赛中取得出色成绩。

（2）体育竞赛是在对身体发展产生各种需求后持续发展的，在人们越来越关注身体发展需求的过程中，体育竞赛应运而生。人们为了满足生活中的物质需求，会通过各种技术获取生存所需的资料，比如提高跑步速度、跳得更高、在竞赛中取得胜利等，这些技术需要在进行生产运动的过程中演变成各种动作并持续训练，需要提高对自身身体的控制力，以较强的身体爆发力战胜对手才能实现。

（3）注重体育教育。古代各个国家都很注重后代的培育工作，在孩子尤其是男孩子成年之前，家族或家庭的重要决策者会亲自对其安排与体能有关的各种训练，他们认为只有加强身体技能训练才能实现全面发展。

（4）在重大活动中进行身体表演。古代的某些祭祀活动中包含了身体表演，这些出现在祭祀活动中的身体表演是对身体活动的延续，也是形成体育竞赛的重要原因，证明当时已出现了有组织的运动形式，更从侧面反映出在古代就有了独特的体育形式。比如希腊神话中就有很多以崇尚力量为主题的活动。古希腊人热衷于锻炼体魄，对矫健身姿特别崇拜，甚至会为此付出各种努力。再如传递或点燃火炬的仪式，这些在如今的奥运会开幕式中仍然被保留。

（5）西方海洋文明注重竞争意识。欧洲很多国家腹地面积比较小，但海岸线曲折，岛屿众多，为了维持生存、加快发展，古代欧洲各个城邦及民族的竞争不断。他们开拓航路，具有冒险精神和竞争意识，对于革新、超越以及变化等越来越推崇，这种从古时候就有的竞争意识与欧洲民众的生存环境密切相关，而体育活动也在竞争意识的推动下，逐步演变成形式多变的竞赛活动。

立足于体育文化发展的维度来说，体育竞赛活动是古代人类锻炼身体的必然结果，它与人类的发展同步，并流传下来。但和常见的身体运动相比，二者又有明显差别。有别于传统的动作或劳动技术的模仿，体育竞赛活动会根据人体特征设计各种练习，比如抽陀螺、爬杆等，这些练习以竞技为核心特征，能将参与者的运动潜能、意志与智慧等体现出来，是非常重要的社会文化运动。

纵观古代体育赛事的形成因素不难看出，其经历了很漫长的发展阶段。在此期间，生产劳动是非常重要的驱动因素，它不仅催生了各种生产技能，还将体育逐步发展成一种独立的文化现象，而体育竞赛活动是把多种具有组织特性的体育文化活动组合起来。

（三）现代体育赛事的诞生

现代体育赛事的出现与以下几个因素有极大关联：

1．体育思想的解放

14世纪之后，欧洲大陆在文艺复兴运动的推动下，逐步改变了受宗教神学束缚的思想形态，越来越多人推崇理性科学、崇尚人文精神，人们开始萌生主体意识，人的价值也得到极大提升。

随着人类思想的持续解放，民众开始关注身体的解放、注重个人发展，关注身体健康成为从注重“神权”转变为重视“人权”的重要表现。与自然哲学相比，人文主义哲学对人如何发现自身与如何实现发展更加注重，强调的是身心同时发展，注重在提高人的尊严和价值之余，强化其力量，教育的目标是让人实现全面发展。随着人们对自身发展的重视，体育教育也成为教育活动中的重要任务，这些改变加快了现代体育和体育赛事的发展。

2．生产水平的提高

社会的发展使得生产力变得越来越复杂，人们在生产活动中使用的工具日渐丰富，这些改变推动了工业改革，也提高了人类的生产水平。人们可以通过自己劳作或与他人配合获得生活或生产物资，还可以利用闲暇时间参与体育锻炼或观看各种体育竞赛。

3．社会发展的促进

近年来，城市现代化水平日渐提高，电视、广播、网络等信息传输技术也快速发展，人们可以通过各种各样的方式随时随地沟通交流，这给体育运动及体育竞赛的开展提供了物质支持。可以说，体育竞赛是社会发展必然形成的结果，体育本身就和社会经济、教育、政治、文化等有着极大关联，在社会持续发展和进步期间，人们开始频繁接触体育竞赛，并将其视为生活中的重要活动之一。现如今，体育竞赛已成为具有独特内涵、可用于开展文化教育的文化活动形式，其作用力与影响范围不断扩张，得到很多国家的重视。

二、体育赛事的发展

在各类体育运动发展速度持续加快的当下，很多掌握了大量运动技能的人开始于技能层面展开比较，这也让体育运动获得更多社会关注。纵观全球各国的体育赛事不难看出，都是以举办各类体育竞赛为关键内容，不仅项目丰富、形式多样，还有着多种规模。

（一）现代奥林匹克运动会

奥林匹克运动会（简称奥运会）发源于两千多年前的古希腊，因举办地在奥林匹亚而得名。古代奥林匹克运动会停办1500年之后，1892年，法国人皮埃尔·德·顾拜旦在“法国体育联合会”成立三周年纪念大会上，发表了题为《复兴奥林匹克》的演说，提出创办现代奥运会的倡议，并得到了广泛支持。1894年，国际奥林匹克委员会正式成立。1896年，希腊雅典举办了第一届现代奥林匹克运动会。沿袭古代奥林匹克运动会传统，现代奥林匹克运动会每4年举办一次，包括夏季奥运会和冬季奥运会等。截至2024年，现代夏季奥林匹克运动会已经举办了33届（有3次停办，见表1-1）。

现代奥林匹克运动会的倡议和实践是人类体育史上的重要创举，它使世界体育赛事迈向了全新的发展阶段。尤其进入21世纪后，奥林匹克运动会实现了全球化发展，它不仅容纳了来自全球各国的运动员参与竞赛，也接纳了各种各样的国家文化，人们可以在运动会上展示与交流所在国家、地区民族的体育文化，但又不仅限于体育文化。奥林匹克运动以身体活动来进行文化、艺术、思想表达与交流，表现出多元化特点，具有重要的社会文化意义。

表1-1　历届夏季奥林匹克运动会概况

届次	举办时间	举办地点
第一届	1896年4月6日—4月15日	希腊·雅典
第二届	1900年5月14日—10月28日	法国·巴黎
第三届	1904年7月1日—11月23日	美国·圣路易斯
第四届	1908年4月27日—10月31日	英国·伦敦
第五届	1912年5月5日—7月22日	瑞典·斯德哥尔摩
第六届	1916年（停办）	德国·柏林
第七届	1920年4月20日—9月12日	比利时·安特卫普

续表

届次	举办时间	举办地点
第八届	1924年5月4日—7月27日	法国·巴黎
第九届	1928年5月17日—8月12日	荷兰·阿姆斯特丹
第十届	1932年7月30日—8月14日	美国·洛杉矶
第十一届	1936年8月1日—8月16日	德国·柏林
第十二届	1940年（停办）	日本·东京
第十三届	1944年（停办）	英国·伦敦
第十四届	1948年7月29日—8月14日	英国·伦敦
第十五届	1952年7月19日—8月3日	芬兰·赫尔辛基
第十六届	1956年11月22日—12月8日	澳大利亚·墨尔本
第十七届	1960年8月25日—9月11日	意大利·罗马
第十八届	1964年10月10日—10月24日	日本·东京
第十九届	1968年10月12日—10月27日	墨西哥·墨西哥城
第二十届	1972年8月26日—9月11日	德国·慕尼黑
第二十一届	1976年7月17日—8月1日	加拿大·蒙特利尔
第二十二届	1980年7月19日—8月3日	苏联·莫斯科
第二十三届	1984年7月28日—8月12日	美国·洛杉矶
第二十四届	1988年9月17日—10月2日	韩国·汉城
第二十五届	1992年7月25日—8月9日	西班牙·巴塞罗那
第二十六届	1996年7月19日—8月4日	美国·亚特兰大
第二十七届	2000年9月15日—10月1日	澳大利亚·悉尼
第二十八届	2004年8月13日—8月29日	希腊·雅典
第二十九届	2008年8月8日—8月24日	中国·北京
第三十届	2012年7月27日—8月13日	英国·伦敦
第三十一届	2016年8月5日—8月21日	巴西·里约热内卢
第三十二届	2021年7月23日—8月8日	日本·东京
第三十三届	2024年7月26日—8月11日	法国·巴黎

（二）亚洲运动会

亚洲运动会（简称亚运会）是亚洲地区规模最大的综合性运动会。亚运会的前身是远东运动会，1911年由菲律宾体育协会发起，每两年举办一次。远东运动会对亚洲近现代体育运动赛事的兴起与发展起到了重要的推动作用。1949年，亚洲运动联合会（亚运联）在印度新德里成立，会上决定在两届奥运会之间，每4年举办一届亚运会。截至2023年，亚运会已经成功举办19届（表1-2）。亚运会为促进亚洲体育运动的发展和亚洲体育文化与世界体育文化的交流发挥了重要的推动作用。

表1-2　历届亚运会概况

届次	赛事名称（地点）	举办时间
第一届	新德里亚运会	1951年3月4日—3月11日
第二届	马尼拉亚运会	1954年5月1日—5月9日
第三届	东京亚运会	1958年5月24日—6月1日
第四届	雅加达亚运会	1962年8月24日—9月2日
第五届	曼谷亚运会	1966年12月9日—12月20日
第六届	曼谷亚运会	1970年12月9日—12月20日
第七届	德黑兰亚运会	1974年9月10日—9月16日
第八届	曼谷亚运会	1978年12月9日—12月20日
第九届	新德里亚运会	1982年11月19日—12月4日
第十届	汉城亚运会	1986年9月20日—10月5日
第十一届	北京亚运会	1990年9月22日—10月7日
第十二届	广岛亚运会	1994年10月2日—10月16日
第十三届	曼谷亚运会	1998年12月6日—12月20日
第十四届	釜山亚运会	2002年9月29日—10月14日
第十五届	多哈亚运会	2006年12月1日—12月15日
第十六届	广州亚运会	2010年11月12日—11月27日
第十七届	仁川亚运会	2014年9月19日—10月4日
第十八届	雅加达亚运会	2018年8月18日—9月2日
第十九届	杭州亚运会	2023年9月23日—10月8日

（三）其他体育赛事

随着社会的不断发展，如今全世界已经有相当数量的体育赛事，几乎每一天都有大大小小的体育赛事在举办，很多单项体育赛事在世界范围内的影响力非常大。

目前，有影响力的单项体育赛事主要有以下几类：

（1）世界单项体育锦标赛。如世界乒乓球锦标赛、世界游泳锦标赛、国际足联世界杯等。

（2）大奖赛。如世界女排大奖赛、国际滑联花样滑冰大奖赛等。

（3）冠军赛。如全国羽毛球团体冠军赛、全国武术套路冠军赛、全国武术散打冠军赛等。

（4）系列赛事。如澳大利亚网球公开赛、法国网球公开赛、温布尔登网球锦标赛、美国网球公开赛等。

（5）其他赛事。如积分赛、邀请赛等。

三、现代体育赛事的发展趋势

古代体育赛事从世俗层面来看，是在娱乐活动中演变而成；从宗教层面来看，它又是以祭祀和精神活动为基础。二者都体现出体育赛事的公共性和非功利性。在这一阶段，公共部门承担举办赛事的相关责任，并展开组织管理工作。随着时代的持续发展，文化、政治和科技等与体育赛事产生莫大关联，体育赛事的内涵与外延也有了明显变动，不仅突出了大众体育和竞赛体育这两大特性，还融入休闲娱乐型赛事，其赛事内容与表现形式变得越来越丰富。

（一）体育赛事的“节庆化”

市场经济的持续发展，让企业、民众的成本意识越来越强烈，人们开始考虑投资收益率，对待体育赛事也是如此。20世纪80年代，奥运会的运作开始转型升级。美国洛杉矶在1984年组织的第二十三届奥运会上，首次提出市场化运作体育赛事的形式，并从中取得了高额利润。此后体育赛事的组织管理工作中，商业营销便成为重要任务，转播赛事的费用及比赛中的广告赞助费用也不断上涨。从1992年巴塞罗娜奥运会开始，美国职业篮球联赛（National Basketball Association，NBA）的职业选手开始参加奥运会比赛，而在此之前，职业运动员是不允许参加此项赛事活动的。这种参赛规则方面的改变也和当时的市场化发展有着极大关联，职业运动员本身就具有比业余选手更强的竞技实力，在比赛期间展示出的各种技巧、技能，可丰富比赛内容。该标志性事件发生后，传统的体育赛事在短短的几十年间逐步发展成包含社会、经济、文化等因素的体育活动，还和外界环境，比如举办地的经济状况产生密切关联。除此之外，主办方、媒体、赞助商等群体或组织机构也成为体育赛事的利益相关方。体育赛事已经不再是单纯的体育竞赛活动，而是一场经济活动。部分主办方甚至基于当时的消费趋势，对体育竞赛的过程作出调整，使之成为一场盛事、一个重要节日，这就是国内外学者所说的“节庆化”。负责举办奥运会的当地政府和相关承办机构在利益驱动和民众舆论下，尝试着运用当地的社会资源或经济资源扩大赛事经营范围，向相关主体提供和体育竞赛有关的“事件组”服务或产品。同时围绕体育赛事组织各种活动，以此活跃当地经济、促进当地的发展，使赛事的作用达到最大化。

（二）“企业网络”背景下的现代体育赛事

这里所说的网络，就是在商务或经济活动中各大行为主体以各种方式参与活动、在活动中交换资源，传递活动期间产生的信息而形成各种关系的总和，可将其视为关系的表现形式。企业网络是在20世纪70年代才出现的，随着市场需求结构的变化及全球经济一体化发展，企业所处的市场环境变得越来越复杂，为了充分整合外部资源、控制交易成本，企业开始改变管理理念，纷纷升级为网络化经营模式。这一改变使企业加强了与外界的合作，与其他企业的关系变得密切。从企业网络的发展来看，其从最初的以交易成本为基础形成网络，再转变到以资源为基础，最后发展成以经济社会学为基础。

体育赛事也与企业网络有着密切关联，它在现代网络中是一个重要“结点”，是在中心产业链各个环节中所有有能力参与活动的赛事行为主体，如投放产品者、生产商家和消费主义产生的关联演变而成的各种经济关系的总和。体育赛事，尤其是大规模赛事的运作，需要多个行业、不同部门相互配合并构建一个完整的“网络”，才能控制运行成本、提高交易效率，进而获得预期收益（图1-1）。

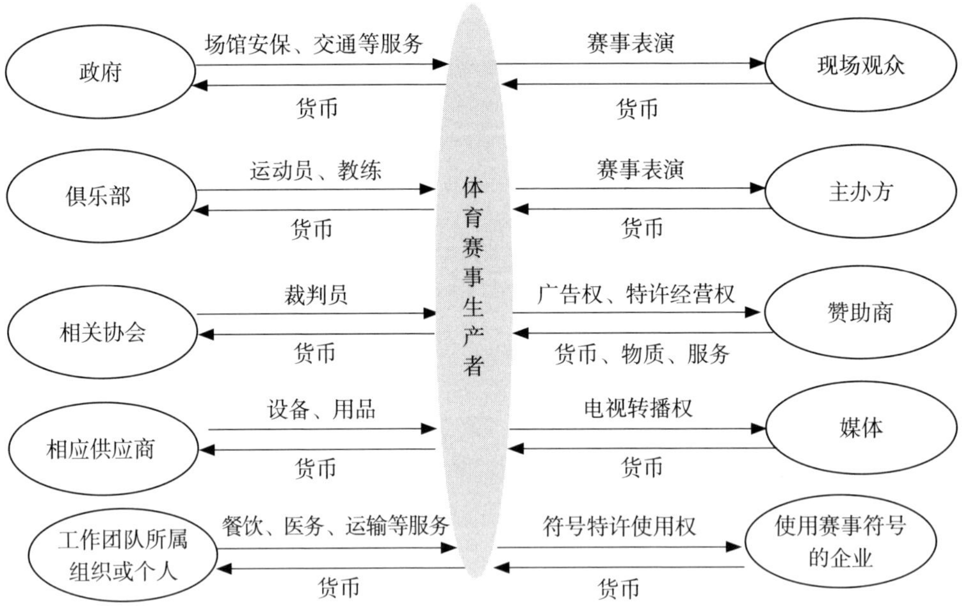

图1-1 网络经济下的体育赛事结构

第二节 体育赛事的概念与分类

一、体育赛事的概念

从词源的维度来说，欧美国家最早提出体育赛事这一概念，其英语为“Sport Event”。有些学者认为体育赛事可列入“特殊事件”的范畴。如唐纳德·盖茨认为特殊事件的定义可从两个方面解释：基于组织方的维度来看，特殊事件是相关主体日常工作或生活中较少出现或只出现一次的活动；基于参与者的维度来看，特殊事件指的是除人们较常选择或日常会发生的俗事、活动以外的社交、休闲或文化体验活动。基于该定义，将体育赛事列入特殊事件的范畴后，可将其解释为各类运动中比较特殊的体育活动。乔·戈德布拉特的观点与唐纳德类似，在其看来，只有满足某些特殊瞬间，并和某些典礼或礼仪同时进行的赛事才能称之为特殊事件。部分学者以此为基础，把“典礼性”或一次性事件列入特殊事件的范畴。在他们看来，特殊事件的发生是非日常事件崛起的表现，目标可能是休闲、娱乐，但这些目标和日常生活活动有一定差别，如为庆祝或娱乐、抑或挑战某个个体组织而产生的活动。

笔者认为，特殊事件与体育赛事在概念上有一定相似之处，但也不完全相同，如体育赛事和艺术活动、学术会议和文化典礼等特殊事件的特征就有明显差异。鉴于体育赛事活动的核心特征是体育竞赛活动，我们可以说体育赛事是一次性或频繁发生的短期、集体性活动，且这些活动的主题必须是体育竞赛。对于这一概念的内涵，我们还需要做如下理解：首先，体育赛事的本质是以人体运动为主要内容的竞争性活动（用比赛决定胜负），有别于其他活动（如工作、学习和休闲等）。其次，这种活动目的在于显示人体竞争性运动能力的大小，并予以公开昭示。人体运动和公开竞赛是体育赛事的本质属性。最后，体育赛事活动已超出传统的体育竞技范畴，而具有一定的经济、文化甚至政治属性。

此外，我们还可以从以下两个角度来定义体育赛事：

“项目管理”的角度。这种界定方式的逻辑基础是把体育赛事当作是一种能够通过项目管理方法和技术而实行管理的特殊赛事，着重于体育赛事是否能取得成功的重要因素是组织运作。详细而言，体育赛事指的是受限于社会因素、经济因素、比赛规则、项目因素，为了满足体育消费的各种需求而提供体育竞赛的产品和服务，拥有营销文化、管理文化等多种背景特征的特殊活动。

“产业经济学”的角度。基于产业经济学，体育赛事指的是参加赛事的人员（包括裁判、教练、运动员等）投入劳动和相关设备，产出具有观赏价值和消费价值的所有人体动作组合产品和以比赛为基础而生产的衍生品（例如直播、转播、广告）的生产经营活动，它的关键是体育比赛，关联到门票销售、运动员打造。

基于产业经济学界定体育赛事，主要有三个方面的考虑：第一，体育产业的主要构成部分是体育赛事。在体育产业越来越发展完善的当下，不管是商业体育赛事还是公益体育赛事，它的运作模式都是市场化运作模式；第二，体育赛事已经是一种生产活动，有着经典的“投入–产出”性质，这个界定是基于体育赛事生产活动，以特殊产出和特殊投入为主要特点，突出体育赛事和其他活动的差异属性；第三，在现代社会生活中，体育赛事作为关键消费品而存在，所以体育赛事的生产经营活动实际上是反复循环“投入–生产–消费”环节。

按照经济学理论，体育赛事的投入品和产业生产的投入品划分的三个基本范围一致，都是劳动、资本以及土地。在体育赛事产业里，土地资源指的是具有范围的地理空间，临时空间和固定场馆都属于体育赛事产业的土地资源。一般来说，这种土地资源由政府投入，主要通过赛事主办方有偿征用或者免费提供而进行。裁判、教练、运动员、赛事工作人员是投入劳动的主体，每一场赛事都需要投入资本才能举办，而投入资源的主体可以是政府，也可以是企业，更可以是赛事相关机构。其中，资本形式有货币和物质两种。物质资本指的是体育场馆设备、配套设施等。

体育赛事产业化的一个主要基础条件是市场化，主要体现在体育赛事具有综合性，需要体育行业的市场合作以及多部门协作来完成生产过程。基于市场经济环境，在签订契约的前提下，赛事合作以交易的方式而完成。跟体育赛事主办方产生交易关系的利益主体包括代理商、生产商、赞助商、服务提供商等。体育赛事的生产也就是赛事运营方和管理方按照相关的流程和规定，重组、充分利用、配置投入资源的过程。体育赛事生产部门通常分为两种，一种是集投入资本和经营于一身的独家生产部门，例如美国职业篮球联赛（NBA）等，另一种是由经营方和投资方不同的经营主体合作组成的生产部门。作为产品的体育赛事同时也是为生产者所掌握的、能够进行市场交易的资源，包括生产环节中提供的人体动作组合的有形展示服务和能够进行再生产的衍生资源。

体育赛事的消费主体包括赛事观赏者以及生产部门，具体包括媒体与现场观众、赛事供应商与赞助商等，如图1-2所示。

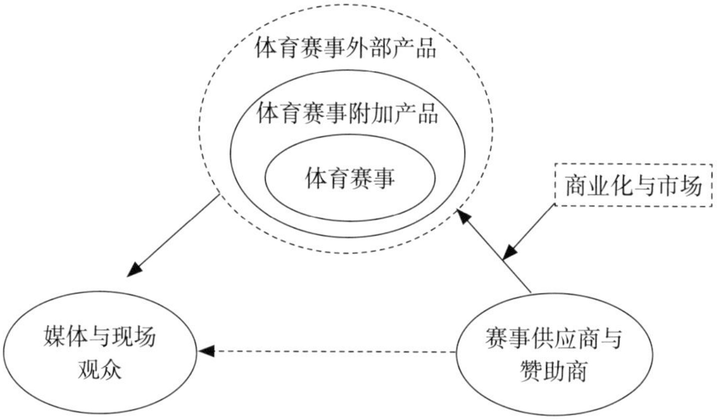

图1–2　体育赛事的消费主体

二、体育赛事的分类

按照不同的分类标准，如举办地点、组织竞赛的角度、赛事包含的项目数量、赛事规模等，可以将体育赛事划分为多种类型。

（一）根据举办地点来划分

根据体育赛事举办地点来划分，可将体育赛事分为室内赛事和室外赛事。室内赛事一般是在体育馆内举行，如羽毛球赛事、乒乓球赛事等。室外赛事则较为复杂，如足球赛事、田径赛事、汽车赛事等，都是在露天的体育场馆内举行，而滑雪、帆船、帆板、马拉松等运动项目的赛事，则需要借助于自然环境和公路等基础设施进行。通常而言，气候等因素对室内赛事的影响较小，对室外赛事的影响较大。

（二）根据组织竞赛角度来划分

根据组织竞赛角度来划分，可以将体育赛事分为竞争类竞赛项目和对抗类竞赛项目。竞争类竞赛项目是以某一静态参数（时间、距离、质量、分数）作为判别准则的比赛，如110米栏、跳远、举重、体操等。对抗类竞赛项目是用竞技者相互较量为判别准则的比赛，如足球、篮球、排球等。

（三）根据赛事包含的项目数量来划分

按照体育赛事涉及的项目数量进行划分，可以将其分为单项赛事和综合赛事。单项赛事只有一个运动项目，又可以按照运动项目详细划分，如足球赛、橄榄球赛、排球赛等；综合赛事则包含很多运动项目，如全国运动会、奥运会等。在级别相同的情况下，综合赛事通常比单项更加复杂，需要更多的时间进行筹备，对场馆以及比赛设施有更严格的条件要求，受到举办场地的影响更大。

（四）根据赛事规模划分

按照赛事规模进行划分，可以划分为超大型赛事、大型赛事以及一般赛事。超大型赛事通常是一个国际性的盛事，可以影响举办地的整体经济，并能够在全世界范围内和广大媒体中产生巨大影响，如亚运会、奥运会和世界杯足球赛。这类赛事通常规模大、水平高、参与人数多、媒体高度重视、市场目标广大、具有一定的传统和历史意义，并常有一些文化或展览活动作为补充，对社会、文化、政治、经济、旅游、环境和城市基础设施建设等方面产生深远影响。相比之下，大型赛事，指的是那些在举办地拥有较大影响，可以引起很多媒体报道以及形成不俗的经济利益的体育赛事，但并不及超大型赛事在各方面产生的影响，如世锦赛、职业联赛、青运会等。一般赛事指的是除了超大型赛事和大型赛事以外的其他赛事，其赛事水平以及举办规模相对较小，不过同样可以吸引很多观众以及媒体的报道，也能产生一定的经济收益，如大师赛、邀请赛等。举办这些赛事的时候，如果赛事拥有大众感兴趣的地方，或者和某种生活文化联系起来，一样能够产生经济收益，造成很大的社会影响，这类赛事往往有多种规模和形式，可以吸引各层面的人员参与，在市场中被人接受的程度更高，方便推广，在文化、社会、经济方面都可以产生很大的效益。

值得一提的是，判断一个体育赛事是不是大型赛事具有主观性，事实上，它是举办地受到赛事影响的比较关键的问题，而并非绝对量化体系。详细来说，一个通过量化指标来进行衡量的体育赛事也许并非大型的，但是它大概率会对目的地有明显的影响，那么它又可以称作大型赛事。并非每一个体育意义重要的赛事都能够形成重要的经济效益，赛事的经济效益还跟当地的体育消费特征有关系。

第三节　体育赛事的构成与特征

一、体育赛事的构成

（一）人力要素

在体育赛事中，人是最关键的构成要素，是否能成功举办一场体育赛事和人力要素息息相关。在举办赛事的时候，所有构成要素以人力要素为标准。人力要素主要包括下面几点内容：

1．主办组织

举办体育赛事需要主办方在此过程中发挥主要作用，特别是在统筹处理各方工作方面，非常需要一个成熟完善的赛事组织。在举办大型综合赛事的过程里，体育赛事组织主要包括三个群体，分别为主办单位、承办单位和协办单位。最关键的组织是主办单位，它可以是公司，也可以是政府部门，更可以是社团。

2．赛事工作人员

体育赛事的工作人员以及团队构成取决于赛事组织结构，无论赛事是何种规模，所有人都跟是否能成功举办赛事存在关系，所以选择以及管理团队人员很关键，顺利举办体育赛事与服务于赛事的所有工作人员的辛苦付出和彼此配合息息相关。对于大部分赛事而言，体育赛事组织能不能正常运转的关键步骤是人力招聘、培训、选拔以及利用，合理利用有关人才，能够让所有人的特长得以充分发挥，保证体育赛事正常举行。

3．竞赛者

运动员、裁判是直接参与体育赛事的人员，他们是体育赛事人员的主要构成部分。体育赛事的存在离不开运动员和裁判，他们让观众享受到无与伦比的体育视觉盛宴，通过多彩的体育活动，让人们产生对体育的关注以及参与的积极性。运动员们为了实现突破，为了取得团队胜利而努力，并且这份一往无前的决心，会感染其他的参赛者以及观众。

4．观众

开展体育赛事的时候，必不可少的人力要素是观众。观众和场上的直接参与者——运动员共同经历一帆风顺或者一波三折的参赛过程，体育赛事通过观众得到更多的社会关注，造成更大的影响，从而长久发展。

5．志愿者

对大型体育赛事来说，志愿者是必不可少的，组织体育赛事的人员应当在正式开赛以前，做好征集、培训志愿者的工作。需要特别指出的是，因为体育赛事的举办并非长期行为，也许会出现比赛期间一些员工不能准时到岗或者因事离岗的情况，所以对于关键岗位人员流失的情况，组织方要妥善处理。组织部门应当做好充分准备，储备备用人员，特别是非正式人员的志愿者工作。

（二）物力要素

1．主办地

体育赛事的举办需要选择一个或者几个城市开展竞赛活动，赛事主办地是体育赛事的一个重要构成要素。

任何一个体育赛事的举办，科学选择主办地都是十分重要的。体育赛事委员会应综合考虑申请主办体育赛事地区的综合发展情况，包括政治、经济、文化等，并综合考虑体育赛事举办城市的公共设施与服务、安保、环境等各个方面的因素。这些因素都会对体育赛事的承办产生重要的影响，必须慎重考虑，并做好评估，以便于选出最佳的体育赛事举办地。

2．设施设备等

体育赛事的举办需要一定的体育运动设施设备、器材器具，举办期间，要充分考虑其使用性能、科技含量、完好状况等。

3．媒体资源

体育赛事的成功举办离不开赛事宣传，赛事宣传是体育赛事的重要内容。在现代体育赛事宣传中，大众媒体发挥着非常重要的作用，可以帮助体育赛事扩大影响力、提高关注度，并促进赛事的经济收入，也能提高赛事赞助商的曝光度与知名度，这是一个多赢的机会。

以我国2008年北京奥运会的媒体宣传情况为例，据报道，中央电视台综合频道（CCTV-1）为展现北京奥运会全貌，每天保留《新闻30分》《新闻联播》等三档节目，其余时间全部用于报道奥运会。

（三）财力要素

任何一场体育赛事的举办都需要资金的支持，否则赛事所有活动都无法正常进行，这也足以表明体育和社会经济之间存在紧密的关联。在过去，有不少国家以及城市最后由于资金原因而放弃举办奥运会的资格。体育赛事的很大部分资金来源于赞助商，但赞助商投资体育赛事并不是纯粹地给予资金，而是想要通过体育赛事得到想要的回报，这个回报可以是经济效益，也可以是社会影响。赞助商提供赞助，必定有自身的考量，对自己的投入和回报之间进行度量，不会毫无底线地提供赞助，所以对主办方和委员会来说，应当妥善处理和赞助商之间的关系，做好体育赛事的组织规划，方便组织者和赞助商实现合作共赢。

（四）技术要素

体育赛事的发展也需要技术的支持。比如体育训练中，体育设备、器材的技术更新和先进设备运用等都可以使赛事更顺利、高效的完成，此外，应用现代通信技术和网络技术能够更快、更生动地传播体育赛事。

二、体育赛事的特征

（一）赛事目标的竞争性

促使人类发展和社会发展的一个主要动力因素是竞争，人类的竞争起源于基本的体能竞争，然后发展到运动技能、技术的竞争，再发展到人体科学动作技术、身体素质等竞争。体育竞赛主要基于人体的动作技能、身体机能、生理适应性的发展竞争，竞争中充分体现了人类生存与发展的优胜劣汰规律。

作为体育赛事的关键参与者，运动员参与体育赛事有着非常清晰的目标，那便是挑战极限，超越自己，与此同时也和其他人一起考察心理素质、体能、技能等各个方面。对团队项目而言，团队的所有成员都要不停地提升自己的心理素质和技能水平，增强团队合作精神，提高战术意识，从而抓住机会，得到比赛的主动权。不管是个人还是团体，竞技目标是为了得到赛事的最终胜利，并且获得理想的成绩。

体育竞争是残酷的，无论什么体育赛事，无论什么运动项目，最后都只产生一个冠军，具有明显的排他性，所以体育赛事的目标具有竞争性。不过需要指出的是，这一竞争性目标和奥林匹克精神所提倡的“重要的是参与，而不是胜利”二者之间并不冲突，假如只拥有参加比赛的热情，而没有竞争过程中应该拥有的拼搏向上的意识，那么体育竞赛便没有存在的必要。在竞赛的过程里，勇敢的挑战是所有参赛者都应当拥有的最基础的体育精神和意识。

（二）赛事目的的多元性

每一场体育赛事，有得意者也有失意者，在比赛结束以后，通常只有很少一部分的参赛者是胜出者，所以参赛选手都会竭尽全力去获取比赛的胜利，把它当作参加训练和比赛的最终目标。

现代社会因为体育竞赛具备的社会功能以及对竞技体育特殊的影响，让参赛动机并不会只停留在单一的维度，而是具备复杂性和多样性。比如通过举办体育竞赛促进文化层面的交流，追求个人价值的实现，获取经济效益，争取团体荣誉等。体育赛事里，体育和文化、经济、政治各方面的关系决定了体育赛事的目的必定也是多元性的。

（三）赛事本身的文化性

1．体育赛事文化

体育赛事是人类文化的重要组成部分，本身就具有丰富的内涵。一项历史悠久的体育赛事可以形成自己特有的赛事文化，为人们所接受，使人们一想起某项运动就自然地联想到这项赛事。不同的体育赛事具有不同的文化特征，体育赛事的运行一定要把文化作为关键因素考虑进去，这里基于体育文化而简单分析体育赛事的文化性。

例如，奥运会是西方体育文化的集大成者，古代奥运会在古希腊的奥林匹亚举行，在举办竞技比赛的同时，各种文化活动也进行得丰富多彩。现代奥运会的举办，带有明显的欧美文化特征。首先，就举办国家的分布来讲，从第一届现代奥运会到目前为止，共举办33届（有3届因为战争原因取消），其中只有6届奥运会是在欧美以外的国家举办；其次，就奥运会的体育运动比赛项目来看，大多起源于欧美国家，在夏季奥运会的28个大项的300多个小项中，除了柔道、跆拳道等个别项目外，均为西方运动项目，纵观整个奥运会的发展，欧美占有主导地位。

2．体育赛事举办中的本土文化特征

国际知名度高的大型体育赛事都是在各个国家的不同城市轮流举办，因为举办赛事需要投入很多人力物力，往往要在全球范围内征集比赛场地。比赛场地的流动性决定了同一项体育赛事在不同国家或者地区举办会呈现不同的文化特点。对于举办体育赛事的国家来说，这是一个理想的推广本国文化的机遇，赛事是绝佳的宣传载体，所以体育赛事必定会具备某种性质的本土化特征。体育赛事往往能够吸引人们的注意，所以现在体育赛事主办方逐渐将注意力放在通过体育赛事把本土的传统文化呈现给全世界人民上。他们组织开幕式、闭幕式上的表演活动，在赛场中和赛场外举办不同的文化活动，设计有着鲜明的民族文化特点的纪

念品和吉祥物，不断宣扬民族文化，促进和其他文化之间的交流。

例如，最近几届的奥运会，一些举办国（如中国、日本）在竞赛里加入本国文化元素，在弘扬奥林匹克精神的同时，也弘扬了本国的民族精神和民族文化，让奥运会拥有了新的含义。

（四）赛事开展的公平性

对体育赛事而言，最关键的特征是公平性，比赛因为公平的存在而具有意义。现代体育赛事基本上都会遵守公平公正，为了尽可能使比赛者之间实现公平竞争，都会在相同的运动项目比赛里设置详细的分组。比如按照运动员的年龄分为少年组、青年组，按照运动员的性别分为男子组和女子组等，确保每一个运动员都可以在相同的条件下进行比赛。

第四节 体育竞赛的原则与管理体制

一、体育竞赛的原则

竞赛原则是运动员在竞技过程中应遵守的重要内容。它既体现了竞技运动的客观规律，又是对竞技运动的一种归纳与总结。其包括恢复性原则、诱导性原则、创新性原则、协作性原则、国际化原则、公正性原则、均等性原则、权威性原则、统一性原则、健康性原则。

（一）恢复性原则

恢复性原则的实质是消除身体和精神上的疲劳，为运动员达到最佳运动状态打下良好的基础。在高水准的比赛中，要使运动员达到最佳的比赛状态，就需要在比赛前对身体进行适当的调节。假如一名运动员进行长时间的正规训练后，能有充足的休息时间，并采取了多种恢复手段，那么他的身体和精神上的疲惫就会得到很大程度的缓解，这样他就可以在比赛中将自己的体能、技术和战术能力发挥到最大程度，从而获得一个令人满意的比赛结果。而在比赛之前，如果运动员没有充分的休息和适应时间，也没有做好充分的准备工作，就很难获得满意的结果。

（二）诱导性原则

诱导性原则是在比赛前，教练运用间接言语、改变情境等方法，对运动员进行一种潜在的、有针对性的引导，使其在比赛中达到最佳的竞技状态。它的核心是对运动员进行间接的心理干预。以往，很多教练都会在比赛前对运动员进行动员，他们往往会把国家、集体、个人得失的责任都推到运动员的肩上，再加上媒体的不间断报道和鼓励，反而加重运动员的心理负担。这种看不见的压力，必然会对运动员的竞技表现产生一定的影响。因此，在比赛前进行的培训与讲授，要讲究技巧。

（三）创新性原则

体育竞赛中的创新，就是在比赛过程中，通过对所学到的技术、技巧不断地进行创新，提高自己的获胜率。它的核心是以技术与策略的革新而赢得胜利。在一些较为复杂的体育项目中，若不能在技术、战术上进行持续的革新，往往难以取得胜利。中国乒乓球运动之所以能在世界范围内取得如此辉煌的成绩，其主要原因就是在“快”“准”“狠”“变”等方面的技术与打法的不断革新。这才是制胜的关键。因此，体育竞赛中的革新不仅是对体育运动基本原理的强化认识，更是对体育运动的基本规律的深入掌握。

（四）协作性原则

体育竞赛的协作性原则是指在比赛过程中，运动员要用自己理智的言行、正当的手段去感染队友、对手、裁判员和观众，以求优化竞赛环境，得到周围人的支持和配合。其核心是协作取胜。作为一名高水平的运动员，若想在比赛中获得助力而取胜，必须强化自身的言行。他必须要有与队友、裁判员、观众、教练协作的意识。中国女排在国际竞技场上之所以能取得一系列的好成绩，教练和运动员之间相互积极的协作配合便是原因之一。

（五）国际化原则

国际化原则是指在竞赛中，由组织者和参与者根据奥林匹克的竞争规则和要求，来组织和参与竞争。它的核心是运动员的思维方式和行动方式要符合奥林匹克运动的要求，即以发展为导向，以提高综合素质为目标的高水准运动员的基本要求。在国际竞赛中，运动员必须达到一定的水平才能参与，他们往往已在国内取得了一定的资格标准或一定的积分排名。

（六）公正性原则

现代体育竞赛，模拟了人类的法治社会。人们一旦踏进这个小小的“社会”，就会心悦诚服地遵守它的各项“法律”——竞赛规则。它要求每个参与者珍惜自己获取胜利的权利，同时承担义务，制约自己，让对手尽其所能。只有双方都遵守规则，规范自己的行为，竞赛才得以进行下去。

体育竞赛是双方智力、体力和技术水平的较量，最后分出胜败优劣来。参加竞赛的运动员要以强取胜，要光明磊落，尊重对手，尊重裁判，尊重观众。在体育竞赛中，裁判员站在中立的立场上，对所有参加竞赛的运动员不论亲疏，都要公平地执行规则，做出公正的裁决。任何偏袒行为和违反客观事实的裁决，都是对体育竞赛精神的亵渎。

（七）均等性原则

体育竞赛的参与者，只有在竞赛条件均等的情况下，才能真正体现孰强孰弱，也只有如此，才能使参与竞赛的双方对比赛结果心悦诚服，取得“胜固可喜，败亦欣然”的效果。现行各运动项目的竞赛规则都明显地体现了这一精神。有些项目是以单位的时间、重量、距离、命中环数来计算。譬如，田径运动中的3000米障碍赛跑，比赛条件对每个运动员都是均等的，跑程都是3000米，都要跨越栏架，都要越过水池等。

（八）权威性原则

为了保证比赛的顺利进行，每一位参赛选手都必须严格遵循比赛规则，遵纪守法。比赛的各种规定，都是比赛的“法律”，是比赛的最高权威。一切都要在其许可的情况下，公平、理性地竞争。一旦踏出这条界限，就会遭到惩罚，无一例外。裁判是赛场上比赛规则的执行者，因此，裁判根据比赛规则作出的决定，就是权威，任何人不能干涉或随意更改。

（九）统一性原则

体育竞赛的运动项目很多，所以对于比赛的胜负及结果的评价也各不相同。但是，其共同特征是评价标准的统一。在以主观计分法评价竞赛成绩的项目中，如体操、花样滑冰等，是由竞赛组织者统一规定动作和自选动作而进行的，项目内容对于同一场比赛的参与者而言都是一致的。在采用客观标准方法来评价竞赛成绩的项目中，如田径、举重、射击等，由于时间、重量、命数是一个统一的标准，因此，他们不仅可以评价同场参赛选手的优劣，也可以评价不同时间、地点的同类竞赛参与者的优劣，可以进行横向和纵向的对比。

（十）健康性原则

运动比赛要与运动的目的一致，即提高人民的身体和心理素质。在竞技比赛中，任何有损运动员身心健康的因子，都必须剔除。首先，要对竞技比赛的形式与内容进行有益的探索，以促进广大人民的精神文明建设为目的。其次，要根据选手的年龄、性别、生理特点，设定不同的项目，以避免影响选手的身体素质，特别是少儿、青少年选手。此外，在竞赛中所使用的场地设备也要保证一定的安全性，以防止选手发生意外受伤。比赛中的天气也是非常重要的，一个好的天气，有利于运动员取得好的成绩。温度太高或者太低，对于运动员来说都是一种负面的作用。

总而言之，对体育竞赛的基本原则的把握，不仅可以让运动员在比赛中获得公正的胜利，还可以让竞赛的选材、教学、训练、恢复等工作，都能根据竞赛的需要，进行有效的变革，促进体育事业能够更加健康、更加繁荣的发展。

二、体育竞赛的管理体制

（一）体育竞赛管理体制的概念

体育竞赛管理体制是指为规范和指导体育竞赛活动而制定的一系列规章制度和管理办法，旨在明确各参与方的权利和义务，维护比赛的公平公正，确保比赛的顺利进行。体育竞赛管理体制是体育竞赛活动的基础，是保障体育竞赛活动顺利进行的有力保障，也是推动体育事业发展的重要保障。

（二）体育竞赛管理体制的类型

一个国家的体育竞赛管理体制必须与国际体育竞赛方案和体制相适应，也必须与其自身的情况相适应。纵观当今国际社会，体育竞赛的管理体制大致可分为如下几类：

1．直接管理型

国家对体育竞赛从竞赛组织、经费使用及整个过程都直接行使行政管理权，并专门设立体育竞赛行政机构，集中掌握运动竞赛管理权力。

（1）集权式直接管理：政府体育机构负责体育竞赛管理，具体赛制结构类型如图1-3所示。

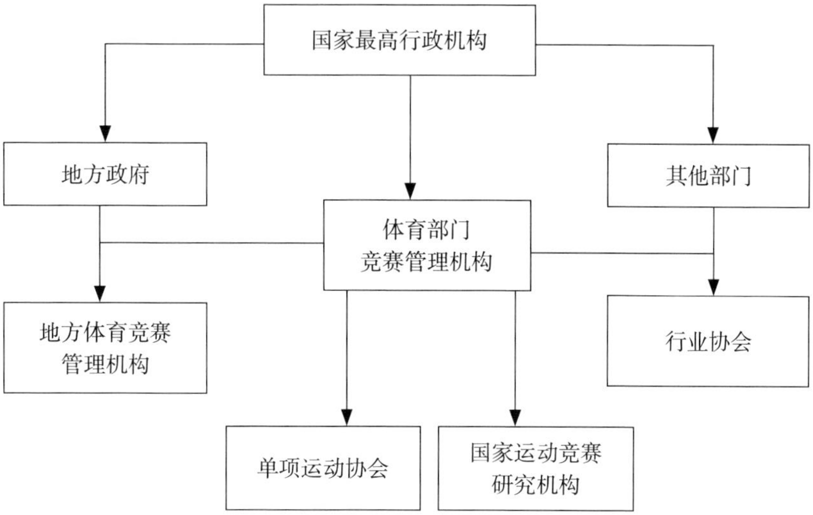

图1–3　集权式直接管理型结构示意

（2）分权式直接管理：政府体育机构不包揽全部有关体育竞赛的事务，而是与有关的民间机构适当划分权力范围（图1-4）。

2．间接管理型

国家不设管理体育竞赛的政府机构和部门，而是通过法律、经济等政策方式，如立法、税收、委托、授权等，间接管理体育竞赛。

（1）集权式间接管理：政府委托或授权一个全国性的非官方组织机构统一管理体育竞赛。如日本、瑞士（图1-5）。

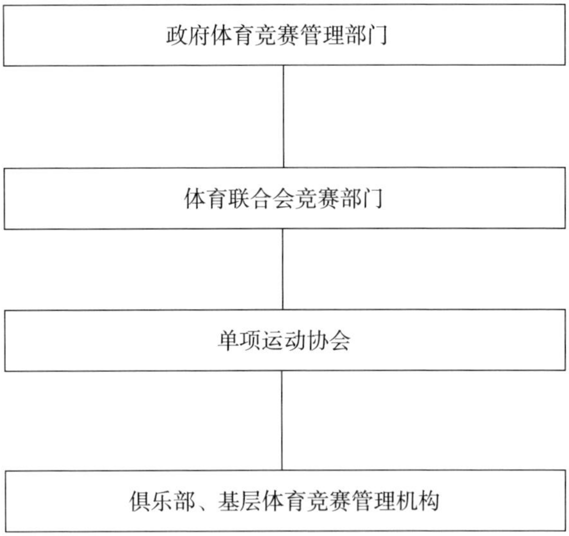

图1–4　分权式直接管理型结构示意

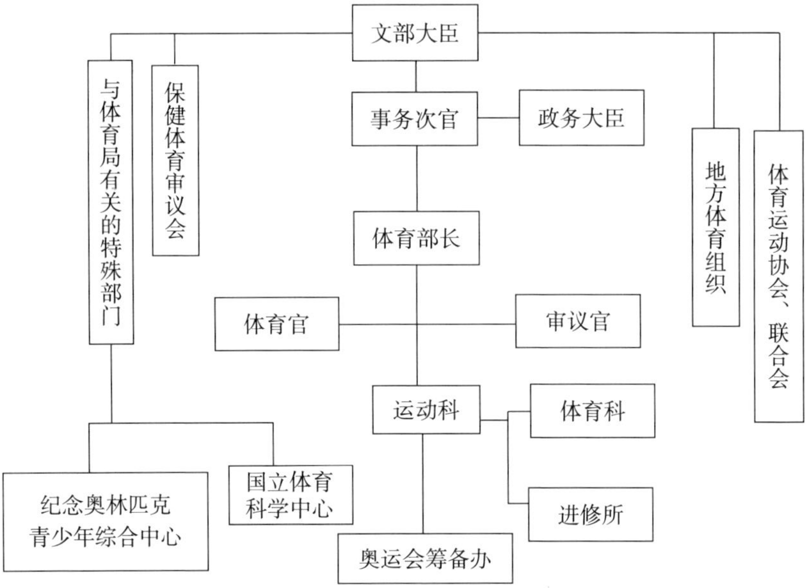

图1–5　日本集权式间接管理结构示意

（2）分权式间接管理：各种单项或行业性的运动团体分管一定范围内的体育竞赛，国家奥委会组织代表国家参加国际竞赛，但不干预具体竞赛组织管理。如芬兰和美国（图1-6）。

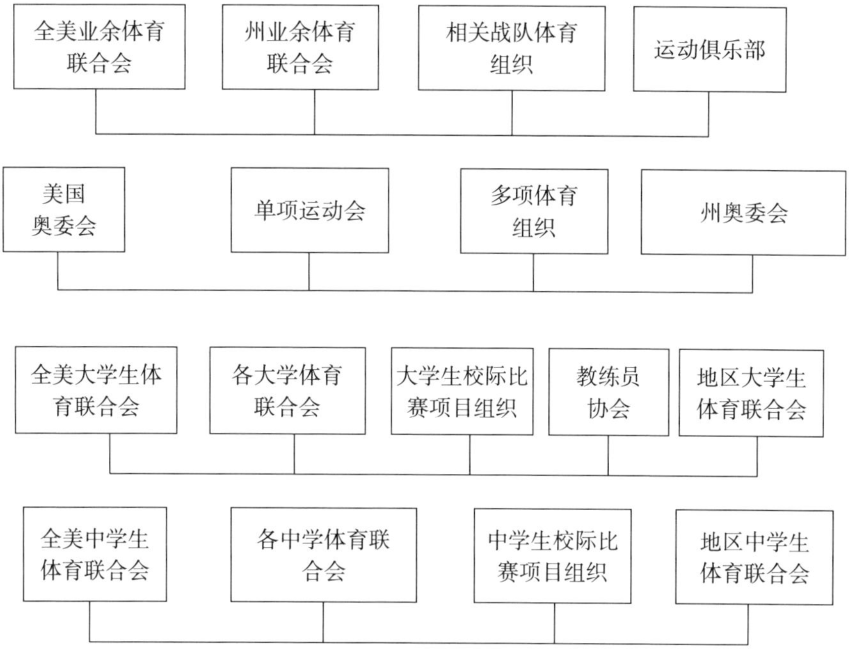

图1-6　美国分权式的间接管理结构示意

3．混合管理型

这种类型介于直接管理型与间接管理型之间。如德国、西班牙、秘鲁，这些国家都有自己的比赛管理制度。这种体制将上面两种管理体制的优势结合在一起，但是它并不是万能的，因为无论哪一种形式的体育竞赛体制，都会受到一国社会政治、经济、文化等因素的影响。体育竞赛体制没有最优解，与国情相适应，能够促进体育竞赛发展的就是好的体育竞赛管理体制。

（三）我国体育竞赛管理机制

我国的体育竞赛管理体制是政府领导下的一种“条块结合”的管理体制，国家体育总局行使主要管理权，各级体育行政部门以及中华全国体育总会（简称全国体总）、行业协会等辅助管理（图1-7）。

在我国体育竞赛管理体制中，各管理部门各司其职，相互协调配合。21世纪以来，我国的体育赛事举办出现了新的趋势，国家办与社会办相结合的竞赛管理体制日益多方位、多元化、多层次。

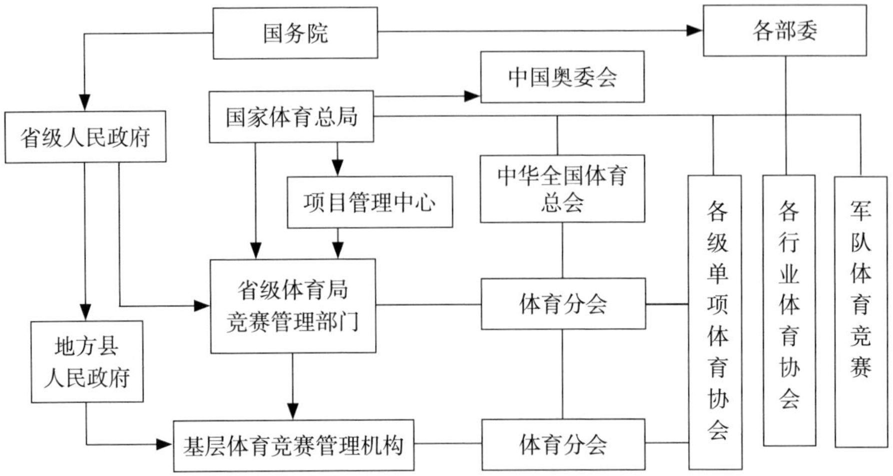

图1-7 我国体育竞赛管理机制示意

第二章

体育赛事的运作与管理

第一节　体育赛事的选择与申办

一、体育赛事的选择

（一）政府机构对体育赛事的选择

在对体育赛事进行选择时，政府（包括体育管理部门）一般都把体育赛事看作是一种公共物品或准公共物品，在对其进行社会效益和经济效益的全面考量后，才决定是否举办。公共物品指的是可以被社会成员共同消费的产品，在每一位社会成员消费的时候，都不会造成其他社会成员对该产品的消费减少，它具有非排他性和非竞争性的特点。准公共物品，指的是具备非排他性和非竞争性两个特征中的一个，而另一个不具备或不完全具备，或者，尽管这两个特征都不完全具备，但是它却是一种拥有较大的外部收益的产品，也可以对社会产业结构进行调整，如促进餐饮、通信传输、媒体电视、商贸旅游、宾馆服务、交通运输等产业的发展，还可以提供就业机会、促进市政建设、展示地区形象、改善投资环境、促进文化发展等。所以，体育比赛，特别是大规模的、全面的体育比赛，并不只是一个运动比赛，它还是一个能给举办地带来诸多社会效益的社会活动。

由非政府机构举办体育赛事，很难获得广泛的社会效益和影响，这正是政府机构成为体育赛事选择、申办及运作管理中主要角色的根本原因。例如，一个城市积极举办一系列重大的体育赛事，不仅可以大大提高筹办赛事的能力，也将有力促进城市现代服务业的发展，进一步提高城市竞争力和城市文明程度，推动全民健身运动的普及与发展。那么政府机构在选择体育赛事的过程中应该着重考虑哪些因素呢？至少应该包括以下几点：

1．地区的体育传统

不同的体育项目在各地区受欢迎的程度是不同的，也影响到该地区相应体育项目的竞技水平高低和市场环境好坏。在某个地区为人推崇和瞩目的赛事，在另一个地区举办可能会无人问津，备受冷落。因此，政府机构在选择体育赛事时，首先需要考虑当地的体育传统。比如，广州市选择申办2009年“苏迪曼杯”，其中重要的原因是广州地区的羽毛球竞技水平较高，群众基础广泛，羽毛球市场环境良好，并且广州曾先后举办了2000年世界青年羽毛球锦标赛、2000年全国羽毛球锦标赛、2002年“汤尤杯”、2003年中国羽毛球公开赛等高水平的国际大赛和国内颇具影响力的羽毛球赛事。这些都表明广州具有良好的羽毛球体育传统，有利于赛事的申办和运作。

2．地区的地理及人文

除了体育传统之外，在举办比赛的时候，还应该结合当地的地理、文化等，这将直接影响比赛的成功举办，并产生相应的社会和经济效益。例如，江西宜春于2004年举办第5届全国农运会，其独特的自然和人文环境是地方政府申办成功的重要因素。宜春是一个旅游资源十分丰富的大都市，有着“山清水美，地肥水甜，四时皆宜，四时皆宜”的美誉，这里有明月山、三爪仑、天柱峰、阁皂山4个国家级森林公园，还有3个省级森林公园、2个省级自然保护区等，同时有众多历史遗迹、文化名人。全国农运会在宜春举行，不仅与宜春市的地理和人文背景相吻合，也能促进宜春市旅游资源的开发，帮助树立良好的生态城市形象。

3．地区的经济实力

一个区域的经济力量同时也是一个区域内经济发展水平和居民消费水平的综合考量。体育运动虽然提倡公平，没有高低贵贱之别，但是却像其他商品和服务那样，面向的是不同的人群。高尔夫和赛车等运动项目一般都是面向高消费人群的，所以它们的票价比较贵，而足球、篮球、排球等运动项目的受众人群覆盖范围比较广，所以它们的票价也比较便宜。并不是所有的城市都有足够的财力来承担高消费水平的项目，例如，青海省虽然经济实力不强，但省内地势险峻、崎岖，海拔高，多山多水，适合自行车竞技，所以当地政府就把自行车比赛当成了自己的品牌。从2002年第一次举办“环青海湖国际公路自行车赛”到现在，截至2024年，已经成功举办了23届，搭建起青海与世界交流的桥梁，极大地提升了青海的知名度和影响力。

（二）非政府机构对体育赛事的选择

非政府机构可以被分为两种类型，一种是非营利性机构，另一种是营利性机构。非营利性机构，例如社会团体，在选择赛事的时候，他们的动机跟政府机构有着相似的地方，也就是将社会效益作为首要目的，但是考虑的范围和程度存在差异，所牵扯到的社会领域也更加具体。例如，残疾人协会在选择赛事的时候，主要考虑的是如何将残疾人事业的发展纳入到自己的考量之中。而环境保护协会在选择赛事的时候，他们的关注点却是：怎样才能将环境保护意识传播到大众当中，从而推动环保事业的发展。虽然非营利性机构并不以赢利为目标，但是他们的存在和发展是要有财务保证的，所以在举办比赛时也要考虑到经济上的因素，最起码要保证比赛运行的盈亏平衡。营利性机构以企业为主，企业的终极目标是获得利润，这就要求其选择赛事活动以营利为主要目的。但随着市场经济的发展和完善，企业的社会责任感越发重要，所以，企业在举办赛事活动的时候，也不能忽略社会效益。

此外，非政府机构选择体育赛事还应注意下列三点：

一是政府对该项体育赛事的态度。运动比赛，特别是重大的运动比赛，已经被认为是一种“社会事件”，它的运营和管理不可避免地要牵扯到城市交通、社会治安和城市建设等多方面的政府职能。一个政府既然决定举办一场比赛，那就说明他们对比赛的重视程度是非常高的，虽然比赛的运营过程很复杂，但并不会对比赛造成什么“颠覆性”的影响。政府的态度非常重要，若官方不承认或态度不明确的话，就说明这场比赛的运营存在着一定的风险。所以，非政府机构必须先清楚政府对比赛的看法，尽量争取政府的支援。

二是该项体育赛事运作的需求资金。无论是政府机构还是非政府机构，在进行活动的时候，都要对活动所需的经费进行评估，对其经济状况是否能够支持赛事活动进行评估，对赛事活动的成本和收益进行评估和预测。而非政府机构则更应重视活动所需的资金，因为一个比赛，往往在比赛开始之前就要投入大量的资金，而要等到比赛结束之后，才会得到收益。这一点对于政府机构来说并不困难，但对于非政府机构，特别是以盈利为目的的组织，则事关重大，甚至关系到他们的经营状况。如果一个企业已经选定了一场赛事，并且取得了承办权，但是在运营的过程中遇到了资金瓶颈，或者没有及时筹集到足够的资金，那么不仅赛事活动无法正常运营，还有可能陷入财务危机。

三是体育赛事运作的人才。政府机构和非政府机构都需要合格的人才运作一场赛事。政府机构在人员配置方面有着很大的优势，这一点并不是一个很大的问题，但对于非政府机构来说，想要在比较短的时间里，召集到合格的比赛运营人员是非常困难的。如果一个企业在已经获得了赛事举办权之后，再去物色赛事运营人员，那么它将会陷入非常被动的境地，最严重的情况是，人力成本增加，赛事延迟，抑或用人不当，造成赛事运营失败。所以，非政府机构在挑选比赛项目时，一定要衡量自己的能力，尽早确定一条行之有效的方法。

二、体育赛事的申办

现如今，体育赛事已经不只是一场公益活动，更多的是一场能产生利益的经济活动。自1896年举办第一届夏季奥林匹克运动会后，历届奥运会的举办模式都以各国提出的申办方式为主。原先的奥林匹克运动会建立在拒绝商业化的基础上，但随着比赛规模的扩大，参赛人数不断增加，到了1976年的加拿大蒙特利尔奥运会，政府出现了严重赤字，透支10多亿美元，导致后面的几届奥运会申办出现无人问津的状况，奥运会的传承和发展受到了前所未有的挑战。于是，1984年美国在洛杉矶奥运会上利用赛事的对等营销策略，把体育赛事推向市场，并取得了巨大成功。至此，现代奥林匹克运动会进入了商业化运作时代。市场导向的成功植入，使得各个国家都积极参与申奥，并将申奥作为一个重要的政事来看待。

根据《奥林匹克宪章》，奥运会的申办有一套完整的程序和条件。同样的，其他的重大体育赛事，比如单项的国际性、地区性的体育赛事，乃至中小规模的体育赛事，也都具有一系列申请条件，这些都是举办体育赛事的基础，也是确保体育赛事取得成功的必要因素。

（一）奥运会的申办

1．申办条件

根据《奥林匹克宪章》，举办奥运只能在一国的某一城市进行，而不能在全国范围内进行。国际奥委会有权决定哪个城市来举行奥运会；一个城市是否能去申办应由它所在国的奥委会通过。奥运会是当前世界规模最大的综合性运动会，运动员、记者、游客等都要超过一万人，且要在20天内进出，同时还将接待国际奥委会、国际单项体育联合会以及其他国家奥委会的代表团，因此主办城市应具有符合国际奥委会要求的场地，服务设施也必须跟上，如相应规模的机场和车站、先进的通信设备等。申办奥运会是一个非常严格的过程，根据国际奥委会要求，每一个申办城市都要组建一个委员会，同时还要派遣代表团或者代表进行协作沟通。此外，申办地在递交申办单时，需缴纳一笔不小的保证金。

2．申办流程

①申办城市提出申请。由于奥运会的准备工作耗时较久，所以在距离举办时间还有8年的时候，就已经启动了投标程序，并且设定了最后期限，要求各申办城市在最后期限之前，将申请提交给国际奥委会。在申办过程中，要保证申办城市的合法权益，申办城市需要得到其国家的认可，若一个国家有两座及以上的城市申办，则由其本国的奥委会决定。

②国际奥委会和国际有关单项体育组织进行考核。在收到申办地的要求之后，国际奥委会和各个独立的奥林匹克运动机构都对申办地发放各类调查表，他们提出的问题十分详细，涵盖了举办奥运会的各个方面。国际奥委会还会派遣一支考查队，前往每个申请主办的城市进行现场考查和评审，最终向国际奥委会提交一份书面报告。

③国际奥委会确定主办城市。确定奥运会最终主办地的权力在国际奥委会手中。其具体方式是在奥委会的全体会议上通过投票的方式决定。在投票环节，一般得到超过一半投票的城市将大概率成为奥运会的主办城市。当多个城市竞争时，会采取多轮表决的方式将得票最低的城市剔除。但因为国际奥委会的选举并不是依照国别来进行的，因此一个城市是否能申办成功会受到许多不可控制因素的干扰，结果往往无法预测。

④签订正式协议。主办城市一经选定，便与国际奥委会签署《主办城市合同》，对其负有法定义务，并将严格遵守《奥林匹克宪章》及有关规定。

（二）国际体育大赛的申办

国际体育大赛的申办大致可以划分为三种类型，即征询申办、购置申办和竞争申办。

（1）征询申办。

这一类型一般是当一场体育赛事已经确定在一个国家或地区进行，或申办地的条件改变时才会采用。比如，中国原定于2003年举办国际足联女子世界杯，但由于当时我国“非典”的影响，赛事举办面临着极大挑战，存在一定的风险，因此，国际足联在听了国际足联医学委员会的报告之后不得不向美国、瑞典等国寻求主办权。

（2）购置申办。

这一类型一般都是以资金购买承办资格的方式进行。承办权的性质有三种：①一次性承办权，如上海举办的2007斯诺克上海大师赛、2024赛季世界一级方程式锦标赛（F1）等，都是一次性的；②阶段性承办权，如2005年至2008年的上海网球大师杯赛，有一定的时间限制；③持久性承办权，如上海的喜力网球公开赛、北京的中国网球公开赛，都是用一掷千金的方式获得了承办权，从而成为了一个固定的城市体育赛事项目。

（3）竞争申办。

如今，大部分国际体育大赛都要经过残酷的竞争才能成功举办。这是因为国际体育大赛的资源分配，已经逐渐以区域为单位，因此完全是各国及各城市之间的一场整体实力的大比拼。

（三）国内体育赛事的申办

（1）全国综合性运动会的申办。

由国家体育总局（体育总局）以及中华全国体育总会、中国奥林匹克委员会主办的全国综合性运动会，由省、自治区、直辖市人民政府按照综合性运动会申办管理规定申办，并报国务院批准后举办。

（2）地方综合性运动会的申办。

地方体育行政部门以及地方体育总会主办的所辖区域内的综合性运动会，自行确定申办办法。

（3）国际体育赛事的申办。

①申办国际体育赛事活动需要按照程序报批。未经批准，不得申办。以下国际体育赛事活动需列入体育总局年度外事活动计划，并按照有关规定和审批权限报体育总局或国务院审批：体育总局主办或共同主办的重要国际体育赛事活动，

国际体育组织主办的国际综合性运动会、世界锦标赛、世界杯赛、亚洲锦标赛、亚洲杯赛，涉及奥运会、亚运会资格或积分的赛事，以及体育总局相关单位或全国性单项体育协会主办的跨省（区、市）的赛事。

②全国性单项体育协会代表中国参加相应的国际单项体育组织，任何组织和个人在中国境内主办或承办相应的国际单项体育组织的体育赛事活动，应当与相应的全国性单项体育协会协商一致，如暂未设立全国性单项体育协会的，应当与体育总局相应运动项目管理中心或相关单位协商一致。

③地方自行主办，或与体育总局相关单位或全国性单项体育协会共同主办但由地方主导的国际体育赛事活动，由有外事审批权的地方人民政府或其有关部门审批，不列入体育总局外事活动计划，但应统一向体育总局备案。

（4）其他赛事的申办。

此外，其他商业性、群众性国际体育赛事活动，应当按照属地管理原则，根据地方有关规定办理相关手续。地方体育行政部门提供业务指导和技术支持。

第二节　体育赛事的策划与管理

一、体育赛事的策划

体育赛事策划是伴随着比赛市场化而产生的一种新的理念，其目标是在比赛进行顺利的前提下，为观众们提供一种能满足其精神需求的竞技表演服务，使比赛得到市场的认同，从而提高比赛的无形资产价值和经济效益。要使赛事得到市场的认同，就需要对赛事活动进行规划。具体来说，运营商要按照运动机构的发展策略，按照赛事经营的目的和根本的需要，对赛事的筹办、竞赛表演资源的出售以及竞赛的执行和评估展开一系列计划和管理。主要内容有：比赛的目标与运作目标、市场定位、宣传沟通、门票与无形资产的销售、相关保险，以及比赛的执行、对比赛的社会效益与经济效果的评估。在规划体育赛事时，必须从项目的根本目的和运营目的两个角度来进行。社会效益是体育竞赛的根本目的，经济效益是体育竞赛的运营目的。体育赛事主要是通过门票收入、广告收入、电视节目播出收入等来实现运营目的的。

（一）体育赛事的策划理念

策划理念，指策划工作中所要寻求的“合理思想”和“抽象化思想”，即在进行体育赛事计划时要努力达到的理想目的和思维取向，它是引导主办方开展体育赛事的指针、纲领和理论依据。竞技体育活动观念的产生，建立在竞技运动策划人对竞技运动的文化内涵、历史文脉的精确掌握的基础上，同时依赖于赛事策划人对实际运动与事件的发展态势做的正确预测。体育赛事策划理念是体育赛事策划一个重要组成部分，是体育赛事策划思想的核心。

1．目的性

任何体育赛事都需要有清晰的目的，以完成体育赛事的预期产品或服务的特定功能、作用和任务。任何体育赛事的策划都应该围绕着大赛目的的实现而进行，因而在这个层面上，对体育活动进行策划，必须要有强烈的针对性。

2．系统性

体育赛事策划是一项由多个子系统构成的巨大的系统，每个子系统既相互独立又相互制约、相互联系、相互影响，并对体育赛事的顺利进行产生一定的作用。所以，在进行体育大赛策划时，应该对其子系统的相互关系加以重视，并以体育赛事的特性为依据，展现出层次性、相关性、整体性以及适应性等，进而让体育赛事成为一个有机、和谐的整体。

3．动态性

由于体育赛事的生命周期通常较久，因此，在体育赛事的执行中必须时刻关注体育赛事的执行情况，以便对体育赛事进行动态的管理。比赛中，活动的各种情况都会发生频繁的改变，活动的执行往往难以与原本的计划相吻合，为此，为了确保活动的顺利实施，需要根据实际情况随时进行修正和调节，这就是赛事策划的动态性。

4．职能性

体育赛事策划和执行不是基于一个组织或部门，也不是基于一个单位，而是基于比赛和节目的功能需要，它牵扯到了与体育赛事相关的所有的部门和机构。在赛事活动的设计中，要注意各部门、机构的功能定位，实现各部门、机构工作的有机结合。

5．全面性

一些职业策划经理人在进行体育赛事策划的时候，经常会忽略一些工作，等到了赛事的筹备阶段，再进行调整，往往会带来很大的损失和风险。因此，在进行体育赛事策划时，必须要进行全面的思考、充分的考量，尽可能地将各项工作都考虑、规划到位，最终构建出一套完备、灵活的体育赛事策划案，这样在出现各类紧急情况的时候，才能做到冷静应对。

6．相对稳定性

由于受地域、资源等多方面因素的制约，体育赛事的策划必须表现出比较稳定的一面。一般来说，体育赛事应该嵌入到一个特定的地方、空间或文化之中，与举办地的社会文化密切关联，进而变成当地的一个品牌和形象，成为举办地的一种文化符号。地域文化、城市营销和城市形象的维持，都需要体育赛事的策划体现出较强的稳定性。

7．独特性

要想策划一场具有活力的体育赛事活动，如果没有独特的地方，就难以收获良好的效果。因此，要秉持"人没有我有，人有我精，人精我新"的策划原则，将比赛的特色呈现出来，绝对不要进行任何形式的抄袭和复制。如果没有特色，就很难产生良好的体育品牌效应，就很难激起观众观看和消费的动机。有了特色，就有了竞争优势，就有了发展。

（二）体育赛事的策划要点

一个优秀的赛事策划，是一场体育赛事活动成功举办的前提。在策划一场体育赛事时，有以下几个方面需要注意：

第一，召开赛事策划会。主办方可以邀请组织委员、志愿者、赞助商及相关的服务性机构一同出席。在安排这些大会时，要注意提高工作的有效性。

第二，通过场馆的规模和相关的历史资料来计算出这次大赛的收入，然后制定出一份相应的支出计划。注意量力而行，费用合理，才能避免主办方陷入财政困境。另外，选择合作伙伴、赞助商时，也要考虑到资金问题。

第三，规划好每一项工作的进度，制定出每一项工作所需的程序以及所需的时间。最好细化到具体的时间段，具体到每一天、每一场活动。如举办体育赛事需要办理审批手续，审批时间与手续都有明确要求，要合理安排。还要留意赛事安排中的一些必要工作，如奥运会的邀请必须在比赛开始一年前发出，主办方必须按时做到。有时候需要对赛程或者活动的时长进行详细的规划。

第四，组织方应有多个部门负责策划体育赛事，每个部门分管不同的业务。每个部门对各自分管的业务应制定计划，最终汇总成总策划方案。

第五，一个好的计划往往包含着许多清晰的阶段目标。在体育赛事的筹备工作中，可以在项目计划期间设立具有一定意义的节点，以体现项目的阶段性成果。对每一个阶段的结果进行汇总与汇报，对于维持成员们的士气与斗志是很重要的。

第六，要制定赛程安排及比赛结束后的工作安排，要尽可能想到可能出现的意外，在条件不成熟的情况下，千万别贸然开始比赛，否则会造成不必要的损失，费时又费力。

第七，将比赛计划传达给所有参与比赛的人员，包括管理人员、宣传销售人员、志愿者领队以及政府部门，以便大家共同确定比赛计划。

第八，注意遵守举办比赛时所应遵守的一些协议和规则。比如，有些职业组织对体育赛事前、中、后三个阶段的广告时间作了明确的规定；也有一些组织会对比赛场馆中的广告板数量、尺寸、样式等进行规范。

第九，必要时可以借用专业的重大事件管理系统。目前，许多重大事件管理系统可以对一场体育赛事进行财务管理、数据分析、场地规划、时间规划等项目管理。有些主办单位甚至还会专门针对某场体育赛事研制相应的管理系统。

第十，从比赛计划之初，就要重视对比赛文件的有效管理。可以建立档案共用与借用系统，对计划书、合同、物流记录和其他关键文档进行归类、归档。比赛完成后，这些档案将会成为一个宝贵的数据集。

第十一，制作和发布赛事各环节主要负责人的身份和联系方式，包括姓名、职务、地址、电子邮件、手机等。此外，任何一场比赛，只要是在现场直播，都要进行详细的解说，因此要提前安排和协调好每场比赛的解说人员。

第十二，体育赛事有可能受到不可抗拒因素或其他事故的干扰，因此要提前对一些突发事件制定预警机制。如遇地震、传染病、恶劣天气等非人为因素造成的严重自然灾害，主办单位需要慎重决定是否调整赛事日期及变更赛事场地。在比赛开始之前，必须要对所有的设施进行全面的排查，并且制定相应的预案。

（三）国际性体育赛事的策划

若要在海外举办体育赛事，首先要解决的就是如何跨越文化、地域等方面的壁垒。这个时候，主办方就必须要对比赛现场的所有酒店、相关场地进行检查，还要会见一些有影响力的人士，而这些都必须得到本地政府的大力协助。同时，组织者也必须了解比赛举办地民众的工作方式。

在国际商务谈判中，我们经常会碰到这种情形，当把所有的条款都一一核对之后，双方会认为彼此已经达成了一致，但是最终并没有得到自己想要的结果。所以，比赛主办方必须在每一次的会面后，留心书面资料的签订与彼此间的交流效果，以确保各方都能清楚地了解各自的责任。此外，各国对运动场地的规划各不相同，比赛区、更衣室、休闲区等区域和设备的布置也参差不齐，这些都要提前了解到位。

总之，体育赛事的策划并不是仅仅发生于赛事的开端，它渗透在赛事组织的全过程中。作为专业的体育赛事策划者，不但要制订策划方案，而且要不断地观察策划的效果，做出分析和评价，并及时反过来修正策划方案。

二、体育赛事管理的概念与特点

体育赛事的管理，就是赛事组织的管理者为了达到比赛的目的，所采取的一系列措施，包括策划、组织、协调、控制和创新等。其特点主要有以下几点。

一是继承性。每一场赛事都会在很多方面保留以往比赛的经验。比如，在现代奥林匹克运动的发展过程中，每一届奥运会的“东道国”在准备比赛的时候，都会对以往的比赛进行研究和总结，不仅让赛事的筹备标准符合国际奥委会的一贯要求，还尽可能承继以往比赛的优秀传统。

二是创新性。赛事毕竟是一次性的，因此对任何一个赛事的管理，都不存在一成不变的模式和方法。要想达到对赛事的有效管理，必须要进行管理创新。应充分考虑东道国的政治、文化、民俗、体育传统，吸取以往奥运会举办的经验与教训，在组织与筹备上进行创新。

三是集成性。体育赛事是一个由一系列活动组成的整体，需要对这些活动进行全面的管理。比如，奥运会的管理工作具体包括了竞赛组织、场馆建设、市场开发、后勤服务、新闻宣传、文化活动等多个方面，它们之间相互影响与制约，牵一发而动全身，最终构成了一个整体的赛事活动。因此，在赛事的准备和开展中，要加强各个部门之间的协作，让所有的活动都能相互配合，齐头并进。

四是复杂性。赛事活动的开展往往涉及许多领域，并且有多个机构参与，需要具备多个专业的知识。与此同时，活动的随机性和特殊性，使得活动的组织具有较强的不确定性，要达到活动目的又要受到成本、进度和质量等多方面的限制，这些都使得活动的管理变得非常复杂。

三、体育赛事管理的功能要素

无论是规模较小的体育赛事，如一场社区体育对抗赛，还是奥运会这样全球性的顶级综合性体育赛事，要想成功举办，均需要完善的体育赛事管理体系。如何争取社区百姓的支持？如何处理好赛事举办过程中的突发事件？如何统筹各项组织的协调活动？如何进行体育赛事的招商、赞助与财务规划？如何进行场地的选择？如何评估赞助商的回报？如何评价一场赛事的成功？这些都需要进行周密的组织、规划、执行与协调。具体来说，体育赛事管理主要包含组织与人力资源管理、营销与财务规划管理、赛事媒体与公共关系管理，以及赛事风险与制度管理。

（一）组织与人力资源管理

一切运动比赛，均须以得当及充裕的人力为之。在体育赛事中，组织和人员的管理就如同计算机中的软件一样，没有组织和人员的管理，比赛就无法正常进行。对于体育赛事的管理者来说，当准备选择和申办一场赛事时，应首先思考组织的目标及构成，赛事申办和举办的组织架构，人员构成的规模和数量，工作人员的招募、选聘、评估，管理人员的培训等内容。例如，北京奥组委成立于2001年12月13日，它承担着北京奥运会和北京残奥会各项筹办任务的组织工作，主要任务是构建奥运会赛时运行的体制、机制和工作基础，建立奥运会物质技术和服务保障的供给网络，推动“迎奥运、讲文明、树新风”活动，进一步普及奥林匹克宣传教育，营造积极的国内外舆论氛围，全面提高筹办队伍综合素质，锻造思想强、作风硬、专业化、国际化的骨干队伍。因此，为保障奥运会的顺利进行，北京奥组委合理组织人员，下设秘书行政部、总体策划部、国际联络部、体育部、新闻宣传部、工程和环境部、市场开发部、技术部、法律事务部、运动会服务部、监察审计部、人事部、财务部、文化活动部、安保部、媒体运行部、场馆运行部、物流部、残奥会部、交通部、火炬接力中心、注册中心22个部门，在全国人民的支持与参与下，圆满完成了北京奥运会、北京残奥会的各项筹备工作，成功举办了一届“有特色、高水平”的北京奥运会和残奥会。

（二）营销与财务规划管理

体育赛事的营销与财务规划是整个体育赛事功能构成的重要内容之一。赛事营销的水准高，可以使赛事的影响力倍增，从而获得更多的财力支持。特别是在市场经济的条件下，赛事资源是依据市场来配置的，赛事的成功绝大部分也是由市场来决定的。这就对营销提出了较高的要求。体育赛事的营销管理必须充分考虑：①赞助商的开发、选择与评估；②赛事的广告宣传；③赛事的社会公共关系；④赛事嘉宾与接待；⑤赛事门票设计与销售；⑥赛事的媒体转播；⑦赛事产品的授权；⑧赛事捐助。

优秀的财务规划有助于赛事开源节流，使赛事的价值得到更好的体现。体育赛事的财务规划可以依据赛事规模的大小进行，预算少至一个月，多至几年。北京奥组委在2008年8月公布了北京奥运会的各项资金投入情况：自2001年申奥成功以来，北京城市基础设施建设共完成投资约2800亿元，主要完成了城市交通、能源基础设施、水资源、城市环境四个方面的重点基础设施建设。其中，奥运场馆投资在130亿元人民币以内，奥运会运行投资20多亿美元。通过严格和周密的规划，北京奥运会收支平衡，略有盈余。与之形成对比的是2004年雅典奥运会的实际投资远远超过了预算，这种财务危机至今还在影响着希腊经济的发展。可见，对于大规模赛事来说，财务规划的审慎与否，将直接影响到一个地区后续经济的发展。

（三）赛事媒体与公共关系管理

任何一场赛事都是由特定的团体组织举办的。在赛事的运作中，除赛事自身外，还需要处理与社区、政府之间的关系。这一关系的社会性传递通常是以媒介进行的，因此可以说，体育比赛还担负起了与公众和社会交往的职能。

比赛中出现的种种现象，都可以从社会中得到反馈。正面现象可以在一定程度上引发公众的共鸣，从而促进体育运动自身的可持续发展。负面现象不仅可能导致公众对比赛的厌恶，还可能导致比赛的失败。因此，体育赛事的举办一定要树立起积极的价值观，展现运动精神，为社会带来正能量。目前，信息的传播渠道越来越多，在这样一个信息化的环境下，体育比赛都是一场场现场直播，没有什么能逃过公众的眼睛。

（四）赛事风险与制度管理

在体育比赛中，风险经常会出现，但往往不可预测，必须提前做出评估。尤其是对于一些具有重大国际意义的比赛，我们必须对可能出现的风险进行预测和界定，尽可能减少风险的产生。体育比赛的风险包括主观和客观两种形式。主观风险主要体现在：比赛组织者未对比赛中的每一环节做出详细的计划，从而造成比赛中出现各种意外。客观上的风险主要包括地震、恶劣天气等自然灾害。

四、体育赛事管理的层次与模型

（一）体育赛事管理的层次

不同级别的运动项目，其经营范围和经营水平各不相同。但是，不管是哪一种比赛，都要有一个科学、合理的组织架构。

重大体育比赛的管理层级十分复杂，在比赛组委会的领导下，要与特定的比赛运营管理需求相结合，指定下级委员会或个人，下级委员会或个人应当制定任务列表和行动方案，以完成其所负责的比赛工作内容。在赛事运行中，下级委员会所要承担的第一个任务，具体包括了财政预算、风险与法律、人力资源、后勤、信息沟通、营销等诸多内容。在赛事执行的过程中，要保证在赛事管理部门的各个层次之间能够保持良好的信息沟通与合作，并以赛事的需求为依据，随时对组织架构、层次进行调整。

在比赛的总体管理框架下，比赛的运营流程是按照比赛的进程逐步前进的，即比赛的准备阶段是垂直运营，比赛的执行阶段是水平运营。

（二）体育赛事管理的操作流程

在竞争管理中，管理者对竞争对手实施计划、组织、领导、控制等管理功能，同时也要求竞争对手在竞争中实施竞争管理。竞争管理的行为体现在竞争流程的实施上。赛事管理人员不仅要拥有优秀的口头沟通技巧，还要拥有丰富的管理经验，更主要的是要对体育赛事观众（消费者）的需求保持高度的关注。在赛事管理的整个过程中，要对赛事管理部门和工作人员的工作进行广泛的收集，对赛事的各项工作进行科学的安排，提高赛事管理部门和工作人员的工作效率和质量，并督促他们之间的相互合作，这样才可以保证整体的体育赛事管理的效率。

（三）体育赛事管理运行模型

强调赛事的目标和战略的无成本或者是低成本，从这个角度出发，明确体育赛事管理运作模式，可以确保整个体育赛事管理的科学运行。经过不断的赛事实践，如举办奥运会、亚运会，以及世界级的锦标赛、公开赛等，目前我国已经形成了较为成熟的赛事管理运行模型，在赛事启动、计划、组织、实施、评价等方面均具有管理机制和经验（图2-1）。

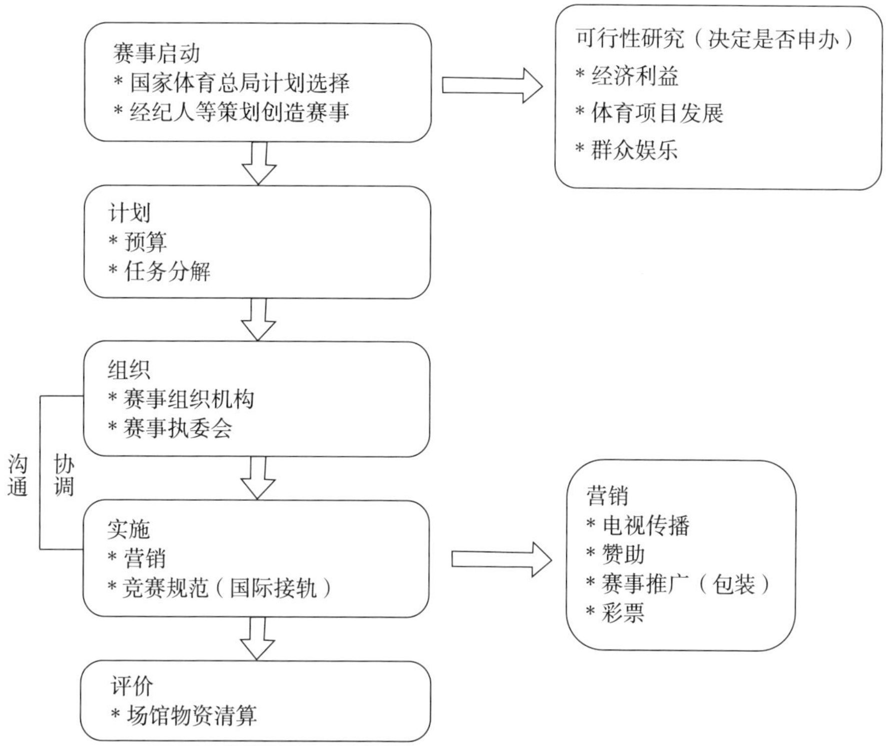

图2-1　我国体育赛事管理运行模型

第三节 体育赛事的营销

一、体育赛事营销的概念

体育比赛也可被视为一种能够被宣传、被定价和被销售的复合产品，因此其营销主要是对自身进行市场营销，而非对其他商品进行市场营销。当前，很多学者也把体育赛事的营销界定为利用比赛来进行产品的销售，具体来说，体育赛事营销是指为达到赛事的目的，建立并维持与目标市场的互惠交换关系，而对设计方案展开分析、规划、执行和控制的行为过程。提升比赛的市场价值和建立比赛的良好形象是体育赛事营销的重要内容。营销的对象是比赛的组织者，也可以是比赛的承办方和经纪公司，还可以是观众。体育活动中的商品是营销服务的重要部分。通常，体育活动的商品有自己的特性，它既能满足一般观众的需要，又能满足赞助人、媒体人等的需要。

二、体育赛事营销的类别

体育赛事营销是指以赛事为平台，对城市、对企业、对运动员等进行市场营销。这一部分中所说的体育赛事营销，主要是指比赛产品的营销，也就是门票营销、赞助商营销、转播权营销、广告位营销。一个成功的营销计划，是基于对目标市场需要的了解，并且需要花费大量的时间去分析其目标市场，然后确定其目标。由于体育赛事中的运动项目所面向的受众群体较多，包括赞助商、观众、媒体和政府等，因此，其营销推广战略也应有所区别。

1．门票营销

门票收入是赛事的重要收入来源，怎样制订合理的门票价格、出售更多的门票、保证较高的上座率都是门票营销的主要任务。门票营销首先要对赛事环境进行分析，确定该体育赛事在各种体育赛事中的价值定位，甚至包括演唱会、音乐会、政府重大事件乃至自然灾害在内的各种大型事件环境；然后分析哪些群体会购买门票到现场观看体育赛事，评价该群体的门票消费能力范围；再制定门票的价格，并设计营销组合，让尽可能多的受众接受门票信息，如门票的特点、优惠、性价比等；最后对门票的整个营销过程进行监督、管理和评价。一般情况下，赛事的级别越高，观赏性越强，门票的价格越高，也更需要专业的营销策划。观赏性较小的参与型赛事，门票价值较低，甚至没有门票价值，也不需要很多的门票营销投入。

2．赞助商营销

体育比赛的赞助商营销就是将比赛的商业价值以不同的方式呈现在赞助商面前，从而提升比赛的商业价值，获得更多的赞助费。如奥运会的“TOP计划”便是一种经典的活动赞助商营销方式。现在，许多比赛都是靠着赞助费来维持的，尤其是一些小型的、参与型的比赛，因为这些比赛的门票价格并不高，所以，它们的赞助费虽然比不上大型的比赛，但却是比赛的重要组成部分。

赞助商营销的具体内容包括：利用赛事，为赞助商设计各种各样的推广方案；使用新闻发布会、公益活动、媒体宣传等多种方式，来吸引赞助商为赛事提供更多的资金或者物质上的帮助。

3．转播权营销

转播权的买卖以媒介为主，而赛事和媒介是互相依赖的，通常以电视直播为主，除此之外，还有网络、电台、报纸等媒体。转播权营销，其主要工作就是要提高比赛的观赏性和知名度，以及比赛的推广作用。具体措施如利用比赛的规模、比赛的独特性、比赛的冲突（金牌的冲突）、运动员的名人效应等。

1958年修订的《奥林匹克宪章》中有这样的规定：“作为娱乐，现场直播奥运会比赛的权利需要经国际奥委会承认，由奥委会组委会售出，所得利润按既定方案分配。”在欧美发达国家，赛事转播权早已经作为专门的课题进行讨论和研究，比如美国职业联盟电视转播权的捆绑销售。我国体育赛事的转播权在第九届全运会（广东）开始被认可，在第十届全运会（南京）开始正规化运作。

目前随着有线电视和卫星电视的普及，国内外体育赛事电视转播权的价值越来越高。同时，体育赛事电视转播权价值的提高还与体育赛事的质量和营销方式有很大关系。

4．广告位营销

体育赛事现场、周边场地和物体（气球、横幅、彩旗等）、门票、工作手册、海报等都具有广告宣传功能，因此很多赛事对广告位直接营销。广告位营销的主要任务是提高广告位的宣传功能，提高商家对广告位的认知度，提高广告位的价格和销售数量。

除了上述几个主要的类别之外，体育赛事营销还包括许可权营销、赛事纪念品营销、各类会议营销（例如记者招待会）、典礼营销（例如签约仪式）等。不管是在体育赛事中的哪个领域进行营销，最终的目标就是要让产品被接受，让产品增值，让产品的定价更合理，更好的满足市场需求。此外，因为赛事本身的特性，使得赛事的营销也将政府作为营销对象和目标。一方面，通过赛事的举办，可以提升城市的知名度和政府的美誉度，另一方面，赛事还需要政府为其提供各种各样的公共服务。

体育赛事的营销除了开展各项赛事产品的营销外，还存在着整合营销，各个营销环节相互关联，相互依赖，合力提高整体赛事的营销水平和营销效果。

三、体育赛事的营销策略

体育赛事的营销策略，其实就是将体育赛事需求者作为一个起点，以经验为基础，获得观众、赞助商、媒体等主体对赛事的关注程度、消费能力以及对赛事的期望等信息，从而对赛事的各种活动进行系统的安排，利用相互配合的产品策略、价格策略、渠道策略和促销策略，提供让他们感到满意的产品和服务，从而达到赛事目的的一个过程。

长期以来，由美国学者杰罗姆·麦卡锡（Jerome McCarthy）提出的4P（Product、Price、Place、Promotion）理论被营销理论界广为接受，该理论能从复杂的营销变数中找到最为重要的因素，并从单纯的因素上升为一组策略，从而更好地适应日益复杂的营销环境。1990年，美国学者劳特朋教授（R.F.Lauterborn）用4C（Customer、Cost、Convenience、Communication）理论取代传统的4P理论，为营销策略研究提供了新的思路。与市场导向的4P理论相比，4C理论更注重以消费者需求为导向，在理念上有了很大进步与发展。20世纪90年代中期，美国学者唐·舒尔茨（Don Schultz）提出的4R理论（Relevance、Reaction、Relationship、Reward），阐述了一个全新的市场营销策略的4个新要素。4R理论以竞争为导向，在新的哲学层次上概括了营销的新框架，它将体育小镇的营销活动提高到宏观和社会层面来考虑，提出体育小镇与顾客及其他利益相关者应建立起事业和命运共同体，建立、巩固和发展长期的合作关系，强调关系管理而不是市场交易。

20世纪90年代末，学界提出的4V（Variation、Versatility、Value、Vibration）营销理论旨在培养和构建体育小镇核心竞争能力的具体途径，是现代体育小镇市场营销的新着眼点。

与体育小镇相比，体育赛事有着许多相同的地方，但也存在着许多不同的地方。比如，比赛的场地会发生改变，有些比赛没有持续性，赛场上的观众群体更是多元化，所以，不能简单地照搬体育小镇的营销策略。而在具体实施过程中，要充分分析各大城市的优势，并结合各自的特色，设计出一套切实可行的运动比赛项目。另外，对于不同等级、不同性质的比赛，也要采取相应的市场战略；即便是相同的比赛，针对不同的受众群体，其市场营销策略也不尽相同。在体育赛事的营销策略中，4P理论被认为是最为基础的经典营销策略。然而，由于市场的复杂性在不断地增加，4P理论很难细致地覆盖赛事营销的所有方面。现在，4V理论的应用越来越广泛。以下分别以观赏性体育赛事和参与性体育赛事作为例子，根据4V理论来探讨体育赛事的营销策略。

1．观赏型体育赛事的营销策略

观赏型体育赛事主要满足人们的观赏需求，可以在4V理论的基础上设计，所谓“4V”是指“差异化（Variation）”“功能性（Versatility）”“附加价值（Value）”“共鸣（Vibration）”的营销组合理论。首先是差异化策略，即以不同特色的产品、周到的服务树立良好形象，特别是大型体育赛事。每届奥运会都有不同的主题歌、不同的口号、不同的会徽、开幕式、闭幕式等。每届全运会都根据承办地区的特点，塑造赛事的独特风格。这些差异化策略可以让人们永远记住这届赛事的地点、时间、精神，以及和这届赛事相关的赞助商。其次是功能性策略，也就是为观众提供多种功能性的商品和服务。例如，为观众提供便捷的购票平台、安全的入场通道，给赞助人提供多种回馈机制，并组织各类公共关系活动。再次是附加价值，也就是为满足消费者的需要而提高增值的商品或服务的品质。赛事中，可以以标准化、美观化、人性化、创新性等为原则来帮助其增值。最后是共鸣策略，它是一种在观众观看并感受到某些场景的时候，会促使他们想起一件事情的一种创新策略，这种策略能够让观众唤醒有价值的、难以忘怀的生活经历、人生体验和感受，从而激发他们的内心深处的记忆和情感。最后是共鸣策略，体育赛事中的共鸣策略有别于常规的共鸣策略，常规的共鸣策略主要是通过唤起消费者对该商品的联想，来获得忠诚的消费者；而体育比赛中的共鸣策略，如运动散发出的阳光和活力，与自己曾经体验过的运动的快感，或者是在心中对运动的欣赏，都能使观众产生共鸣。又如在体育赛事开幕式上，各种文艺演出与历史文化之间产生的共鸣等。越是能够引起人们的共鸣，越是能够吸引到更多的忠诚的粉丝（无论是现场的还是媒体的），越是能够体现出比赛的价值。

2．参与型体育赛事的营销策略

伴随着人民生活水平的提高，以及对休闲体育需求的持续增长，参与型体育赛事也在逐渐增多，其中既有以体育竞技为主要内容的各类参与性体育比赛，如万人竞走赛、千人自行车赛、社区体育竞赛等，也有一些以其他事件为主题的体育活动，如为庆祝春节、端午节、桃花节、茶节等不同的节日而举办的体育活动。在体育活动的发展过程中，体育活动的商业价值日益凸显，因此，体育活动的营销策略日益引起人们的关注。参与式体育赛事和体育活动的营销策略，首要任务就是要通过引入更多的参加者，从而提高运动项目的商业价值。所以对于赞助、直播等方面的宣传，就可以采用4V理论的模式来进行规划，这与一般的宣传方式很相似。如4V理论中的差异化策略和共鸣策略。但是，营销策略的最终目标并不一定是获得经济效益，也有可能是社会效益。

第四节　经济新常态背景下体育赛事的市场开发

一、体育赛事市场开发概述

（一）体育赛事市场开发的概念

体育赛事的市场开发，是指体育赛事运营管理机构将其所拥有的各种资源作为自己的立足之本，并尽可能地利用市场交换行为来提高赛事收入的过程。

（二）体育赛事市场开发的步骤

1．设置赛事机构

建立一个科学、合理的体育组织机构和体育制度，是保证体育比赛顺利进行的关键。在体育比赛的开展中，应注重对比赛的领导与控制，以保证比赛的顺利开展或及时调整。在体育赛事整体运营管理结构中，随着时间的推移，赛事运营过程呈现出了两个方面，也就是赛事在筹备期间垂直为主的运营和赛事实施期间横向为主的运营（图2-2）。

（1）体育赛事的运营和管理是以企业的形式进行的，一般在企业中设有营销发展部。市场开发部门以职位为依据，设立了具体的工作部门，并对这些部门的各项工作展开统筹规划、监督管理、协调关系，共同推动赛事市场开发各项工作的顺利展开。

（2）体育赛事的组委会是由政府行政部门来组织和组建的，一般情况下，它是由组委会直接领导的，与具体的市场开发工作性质相结合，设立了一个专门的工作部门，每个部门都在自己的工作领域中进行工作，与此同时，各个部门之间也存在着一定的关联。

2．统筹赛事资源

高效的市场发展应该是将所有的体育资源都利用起来，营销部门应该对比赛所拥有的市场资源进行全面、详细的调查、统计、归纳、整理和分类，实现资源的统筹和有效利用。

统筹赛事资源主要体现在：

（1）任务繁重。资源调剂的工作量是很大的，包括各种野外测量、摄影、图纸设计和数据统计。

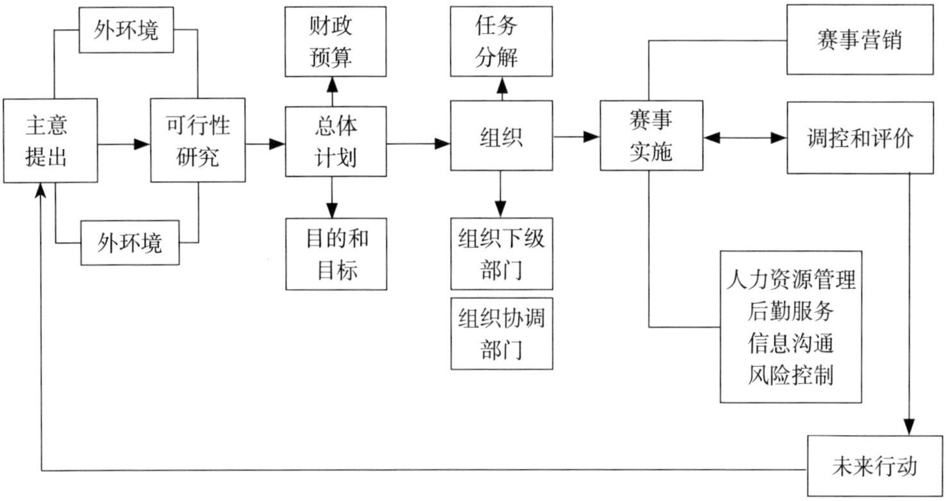

图2–2　赛事运作过程

（2）以细致入微为原则。这个对体育赛事市场资源的开发、推广和实施工作的详细程度都会有很大的影响，稍有差错，就会造成很严重的结果，所以，一定要对每个细节都予以重视。

（3）强调协作的重要性。比如，在对电视转播权资源进行统计的时候，主要负责的部门要及时与负责广播电视工作的部门取得联系，让相关部门积极地做好准备、协调、沟通、资料统筹等工作。

（4）独创性。体育赛事资源无非就是涉及了人力、物力、财力、信息等资源，它们在类型上并没有太大的差别，但是，每一种资源之间，在具体的形式和内容上，都存在着显著的差别。持续地挖掘新的市场资源，或者在现有资源的基础上开发新的资源，这对增加体育赛事市场资源的数量、提高其质量、扩大其价值都有好处。

3．确定市场开发目标

（1）根据赛事经费的真实需要，来决定赛事的市场开拓对象，此方法在国内很多大的赛事项目中都被广泛使用。当地政府一般都会对赛事进行资助，对赛事经费进行估算。

（2）对体育赛事的市场资源进行整体价值评估，并据此制定市场发展目标。在评估过程中，可结合以往赛事的发展经验、同类赛事的发展状况、赛事所处的环境（社会、经济、自然环境等）等因素来进行评估。

对体育赛事运营机构来说，最理想的市场开发收入形式就是现金。它的最大优势在于不需要计价、折旧、变现、保管、保质期等，管理方便，使用灵活。然而，在实际的活动中，赞助商往往会想要展示自己的商品和服务，以证明商品和服务的品质。因此，在进行体育赛事的时候，可以向人们提供一些体育产品和服务，比如服装、电脑、比赛器材、印刷服务、网络设备、餐饮服务、汽车服务等。有些时候，这些产品和服务比直接的资金支付更具有可利用性，它们也是比较理想的市场开发收入形式。

4．确立市场开发规则

开发赛事市场要遵循“公开、公平、公正”“稳定、统一、权威”的原则，只有这样，才能保障顺利有序地开展体育赛事的市场开发工作，才能避免人云亦云、朝令夕改。一般而言，体育赛事市场开发包括如下几种规定：

（1）总体规则规定。如“体育赛事市场开发总体计划”。

（2）专业、专项规则规定。如“体育赛事电视转播权管理规定”“体育赛事广告管理规定”“体育赛事专有权管理规定”“体育赛事市场开发代理管理规定”“体育赛事捐赠管理规定”等。

（3）特殊规定。如“体育赛事特殊标志管理规定”等。

5．制订市场开发方案

体育赛事市场开发方案包括两类，即总体方案、各项开发工作具体方案。

（1）体育赛事市场开发总体方案，包括以下基本内容：①市场开发的目标对象范围确立；②销售预期目标制订；③费用预算；④工作要求；⑤销售策略与销售方式等。

（2）体育赛事市场开发各项开发工作的具体方案包括以下基本内容：①电视转播权销售方案；②赞助销售方案；③门票销售方案；④特许经营权销售方案等。

6．实施市场开发方案

体育赛事市场开发方案的实施是指有计划、有步骤地进行一项营销工作，是体育赛事营销活动中耗时最长、花费最多、投入最多的一项营销活动。方案的实施包括以下指标：

（1）体育赛事营销活动的收益，是评价营销活动质量的一个硬指标。一场轰轰烈烈的比赛项目，若产生亏损，或收益微乎其微，则不能被视为一场成功的比赛项目。

（2）买票观众、赞助商、买下电视转播权的传媒公司为最普遍的体育赛事营销指标，也是体育赛事营销收益的主要来源。如果体育赛事的目标顾客对活动不满意，那么营销活动也会失败。

7．市场开发总结与评估

体育赛事市场开发的总结与评估主要包括如下几方面的工作：

（1）建立工作档案。收集与整理有关市场开发的资料（各类文件、光盘、报纸、录像带、杂志、图片等），为下届体育赛事的举办提供参考与借鉴。

（2）撰写评估报告。总结赛事市场开发工作的总体计划、执行情况、人员配置、经费与后勤管理等，提出未来赛事开发的建设性意见和建议。

（3）答谢活动。诚恳地答谢体育赛事举办过程中提供各类体育资源支持的赛事相关利益者、部门或个人。

（4）对人才的认可和奖励。对在体育赛事市场开发工作中表现出色的先进分子和工作人员，要进行表扬和激励，建立一个组织的良好文化形象，提升组织的凝聚力，树立一个模范。

二、当前我国经济新常态现状分析

（一）经济结构问题的突显

自改革开放以来，我国的社会和经济都有了长足的发展，但是也应该看到，在这个过程中，我们所面临的供求矛盾也越来越突出。长期以来，“投资、消费、出口”被称为“三驾马车”，是一种基于需求的分析方法，它是一种从经济活动及其结果来逆向调控的方法。从全球来看，我国的经济发展是以工业为中心，而服务业发展相对滞后，尤其是金融、养老、医疗、教育等市场准入门槛较高，缺乏人才培养方面的投入，再加上体制机制不完善，导致我们的第三产业所占的比例较低。由经济结构不合理引起的“过剩产能”“中低端商品过剩、高端商品供应短缺”等一系列经济问题，已成为制约我国经济发展的主要因素。

在中国经济进入新常态的今天，结构性调整是一个大趋势，也是一个大的变革。新时期，在有关的政策方面，国家着重于“供给侧结构性改革”。

（二）经济发展的供给侧结构改革

当前，“稳增长”被放在我国经济发展中宏观调控的重要位置。改革开放以来，我国经济高速增长。在经济下行期，宏观调控主要侧重于需求侧（内需和外需方面）进行。新时期，要实现国民经济的全面稳步发展，应在总结以往需求侧调控经验的基础上，在供给侧（供给方面）做文章，利用政府的宏观调控着力放在激活微观活力（减税、金融改革等）方面，增强企业经济发展活力。

2017年10月18日，中国共产党第十九次全国代表大会在京召开，会上指出了未来我国经济改革的方向和目标。当前，我国正处于由“需求侧”向“供给侧”的经济转型期，“供给侧”与“需求侧”对应，更加关注生产要素的供给和有效利用，强调顺应经济发展的过程。从市场经济主体入手，通过鼓励企业创新、促进淘汰落后、降低税费负担等方式来从根本上增强我国的经济发展实力，是当前我国经济改革的重要趋势与战略对策。

三、经济新常态背景下体育赛事市场开发新理念

在新的历史条件下，各类型的体育市场主体要主动改变思想，顺应国家从“需求侧”到“供给侧”的发展趋势，确立“供给”的思想，为市场提供高质量的体育产品和服务。

与我国的经济发展新形势相联系，现在宏观和微观两个层次上，对体育赛事开发的新概念进行以下分析：

（一）效益理念

在举办赛事活动时，要充分利用活动带来的效益，包括社会、经济和环境效益。过去，人们一直错误地以为，在体育赛事的市场开发中，在获得相应的社会效益的同时，会对经济效益造成一定的影响。但是，事实是，体育赛事的社会效益的获取与经济效益的获取并不矛盾，只要对这两个方面进行正确的管理，就可以让这两个方面都有很好的发展。从长远的、可持续的发展来看，经济效益和社会效益是紧密相关的，只有社会效益好，才能扩大体育赛事的市场，才能提高经济效益。但是，我们也要清楚地意识到，体育比赛的运营和管理，最重要的是要达到比赛的整体效益，要在比赛的经济效益、社会效益和环境效益之间寻找一个平衡，也不能只追求一种比赛的效益，而忽略了其他比赛的效益。所以，在发展体育赛事市场时，要使赛事的各种利益得到最大程度的协调和发展，并使其达到最佳效果。

（二）服务理念

成功的体育赛事的市场开发和营销，主要是能够为体育消费者、为体育赛事赞助商、为媒体提供高质量的赛事转播和推广，所以应该以“服务”为核心。为此，要做好以下工作：

（1）重视体育消费者的需要。赛事经营者要将体育消费者的需要摆在首位，消费者的评价是所有工作进行的优劣的重要标准。

（2）控制费用，费用是指体育消费的费用。虽然体育赛事经营对经济效益有一定的要求，但它应该将短期效益与长期效益相结合。此外，还应该对体育市场的发展进行全面的调查，对其进行科学的、合理的定价。在进行市场开发和赛事

运营的过程中，应该在保证自己基本经济效益的前提下，尽可能地让体育消费者获得满足感。这个代价不仅是为了获得一项运动而花费的金钱，也是为了获得这项运动而花费的时间、精力和面临的各种风险。

（3）消费便利。比赛运营者应竭尽所能，为运动员提供更加方便的比赛设施及其他服务。体育消费者在参加体育赛事的过程中，是否能够有一个良好的消费体验，这与比赛各个方面的高质量服务密不可分。

（4）把重点放在交流上。如果想要对赛事进行科学的管理，那么就一定要对赛事消费者的消费有一个全面的认识，与消费者进行及时的交流，这样才能更好的开展赛事营销。

（三）创新理念

在发展体育赛事的同时，应在产品、服务和技术等方面进行创新。在研发新产品之前，应该首先对其市场进行分析，这样可以创造出更适合于市场需要的体育赛事产品。从我国目前的体育赛事环境来看，各地在筹备重点赛事的时候，应该注重与群众的需求相结合，打造一些比较受欢迎的赛事，比如冰雪运动比赛、山地户外运动比赛、水上运动比赛、航空运动比赛等，这些都可以作为培养体育消费新业态的一个重要方面。

四、经济新常态下体育赛事的门票销售

（一）销售策略

1. 门票分类策略

门票分类策略指将体育赛事门票分为几种类型或几种级别，根据不同的门票制定有目标的销售战略。通常情况下，除特邀人员和 VIP会员外，门票均可通过网络、指定售票点等方式获得。作为体育赛事的一种重要的产品价格表现形式，门票能够客观地反映出不同的赛事本身的特点，充分地展现出不同价值。

2. 销售网点策略

在体育赛事中，票务销售网点的策略，主要是根据运动比赛的实际情况，来设定票务销售网点的数量、类型和分布范围。根据体育市场经济的基本规律，在体育赛事的门票营销中，在其他因素不变的情况下，体育赛事的门票销售网点设

置的越多，体育赛事的销售投入成本就越高。但是，销售网点并不是越少越好，还要对门票的销售量进行充分的考虑。要想更好地开展赛事的门票销售，应该对门票销售网点的数量以及其所处的地理位置进行合理的规划，并将多种门票销售方式结合起来，比如将网上购票与网点相结合而展开门票销售。

3．销售时间策略

重大体育活动是由多个项目组成的，各项目的赛程各不相同，所以，在售票时间上也存在着一定的先后顺序。大型体育赛事的观众人数众多，每一项体育赛事对观众的吸引力都存在差异。因此，这就需要在赛事门票的具体销售时间上进行合理的安排。门票的销售时间不能过早，否则会对消费者的消费体验产生影响，但是也不能过迟，否则比赛临近时，门票很难卖出去，留下了大量的剩余。在体育赛事门票的销售策略中，应该包含了具体的赛事门票销售时间的规划，比如特定的体育赛事、开幕式、闭幕式的门票的预订时间、售票时间为何时，售票结束时间为何时等。

4．门票定价策略

门票定价会受到很多方面的影响，比如门票类别、销售时间等，可根据门票类别和销售时间，分别推出零售票、团体票、预订票等。

门票定价策略制订应注意以下几点：

（1）制订不同价格的门票以吸引不同消费层次的购买者。

（2）设计门票价格分级不要过于复杂，否则会增加门票销售管理的成本和难度。

（3）大型体育赛事的项目多，销售门票数量大，销售方式多，门票价格体系应层次合理、分级简洁。

（二）销售渠道

大型体育赛事的门票销售渠道可以根据比赛的特征和实际情况来选择，并将其与比赛的时间相结合。

1．体育赛事运营管理机构直接销售门票

对体育赛事的运营者而言，直接售票不需要向其他机构缴纳代理销售费用，能够减少门票的销售成本，但要聘请销售人员，建立销售网络。通常情况下，只要观众席比较稳定，没有太大的变化，就可以进行直接售票。

2．全权委托专业票务管理公司代售门票

所谓的代售门票，简而言之，就是赛事运营管理者将赛事门票的销售委托给了另外一家专门的票务管理公司，并由这个公司制定并执行具体的门票销售战略和方案，而赛事运营管理者则会向这个公司缴纳一笔佣金。这样虽然省心，但是不仅代售的门票需要支付一定的代理费用，而且很难对代理票务公司的行为进行有效的控制，所以风险很大。

3．直接售票与代售相结合

目前，许多比赛都同时采用了由赛事运营管理机构直接进行门票销售和由专业的票务管理公司进行代理相结合的方法。然而，需要指出的是，如果没有正确处理好多种门票销售方式之间的关系，不仅不能达到两者之间的协同合作，还有可能产生两者的矛盾，影响到赛事门票价格，损害赛事形象。

五、经济新常态背景下体育赛事的转播权开发

在当今体育活动多元化的时代，版权有偿转让也是体育活动运营单位获得丰厚收益的主要途径。在欧美国家，许多体育赛事都将电视转播权作为其主要的收益来源。在新的经济形势下，大众的赛事活动需要更加丰富和多元化，对赛事活动的认识也更加广泛。另外，随着版权、资讯收费等因素的影响，赛事组织者对转播权的开发和经营也越来越关注。在对赛事转播权进行开发和运营的过程中，应该做到公平公正，进行多角度、多层次的开发，实现转播权的专业化和高效率，对此可以参照下面的流程来开发体育赛事的转播权。

（一）公开竞拍

“公平公正”是竞技体育的基本要求，是市场竞争的根本条件，这就要求体育比赛的转播权必须公正。针对这种情况，体育管理部门和比赛组织者可以通过公开竞拍的方法把转播权卖给电视台。目前，我国市场经济较为活跃，体育市场成熟，这些都为举办方进行比赛转播权的竞拍创造了有利的条件和基础。对于电视、广播、互联网机构而言，购买赛事转播权，目的是通过赛事转播，获得一定的关注度，从而增加观众数量，并让观众对本媒体平台产生依赖性，进而可以进行更多的广告销售，获得利润。在竞拍中，所有的媒体都要遵守公平、公正、公

开的原则。

一般由竞拍双方协商确定的竞拍价格，最符合竞技运动市场经济发展的一般规律。在公平、公正的前提下，卖出一方和买进一方应该本着诚信合作的原则，进行谈判，讨论比赛转播权的定价，并明确双方在买卖中的有关权利和义务，在双方自愿、互惠的前提下签署买卖合同。

（二）广告置换

媒体是广告投放的主体，各媒体所面向的观众各不相同，且各自都有自己的固定观众群，这也为各媒体实现“互通有无”提供了可能性。这个“互通”，就是在不同的媒体中，进行广告的置换。

在媒体与媒体之间的市场经营管理活动中，广告置换是一种十分普遍和常见的经营手法，它是指不同的媒体通过向其他与自己具有不同受众的媒体出售电视转播权。通常是在重大体育比赛运营期内，由体育赛事运营管理机构或主办方进行置换，其间不向电视台支付转播费用，而应向电视台提供与电视台“对等交易”的等价广告时间，以达成有偿转让转播权的目的。尤其要注意的是，当体育赛事的营销还不够成熟，或者在前期的运营中，某项重大的体育赛事的知名度还不够高，赛事的商业价值也没有得到媒体和赛事观众的广泛认同的时候，就可以采取广告置换的营销模式。在我国，在大型体育赛事的运营中，普遍使用的是这种营销模式，而在电视台媒体中，广告的内容以赛事的宣传和赞助商的商业广告为主。

（三）一揽子计划

“一揽子计划”，是一种商业打包销售行为，具体是指对体育赛事电视转播权进行销售时，并非销售每届的电视转播权，而是打包销售数届赛事的电视转播权。在国内外的大型体育赛事开发过程中，“一揽子计划”的赛事转播权销售案例非常多，而且具有代表性：

1995年，美国全国广播公司（NBC）与国际奥委会签署电视转播协议，以25亿美元买进2004年和2008年夏季奥运会、2006冬季奥运会的电视转播权。

1998年，国际奥委会同阿拉伯国家广播电视签署合同，以185亿美元购买了2000年至2008年奥运会的电视转播权。

2005年，我国中央电视台与中国足球协会等达成贸易交易，直接买断了足协

"中国之队"未来5年的电视转播权。

"一揽子计划"是赛事转播权开发的一种成功销售模式，它能最大限度地确保赛事转播权销售的稳定性和延续性，可降低谈判成本，有利于促进电视台与体育赛事主办单位之间的长期、战略性合作。

（四）中介运作

体育赛事转播权的运营和销售，对于赛事收入起着举足轻重的作用，因而受到组织者的高度关注。为使体育赛事转播权的运营管理更加科学化、专业化和高效，有时，体育赛事组织者会将赛事转播运营委托给专业的体育中介代理商。体育中介代理商是世界各国体育事业发展到一个特定的阶段而产生的，在举办体育比赛的时候，往往会由于缺少专门的赛事运营和管理人才，以及主办方的消息不灵通，导致了电视转播权的宣传和销售受到了很大的限制，因此，委托代理商来运作赛事转播权就变得非常重要。

六、经济新常态背景下体育赛事的媒体宣传与推广

（一）准备赛事的媒体素材

在体育市场上，比赛资讯是一种极具商业价值的资源，为了更好地进行比赛的运作和管理，必须对比赛资讯进行恰当的处理。

然而，我们也要意识到，体育赛事的营销并不只是赛事信息的发布那么简单，赛事组织者要妥善地处理好与不同媒体的关系，并设立一个特殊的赛事新闻中心以及一个公共关系部门，为赛事的媒体推广做好各种准备，从而在任何时候都能建立起一个良好的赛事形象，并持续地将其影响力传播下去。在与体育比赛媒体交流时，要做好素材的准备工作。

1．体育赛事的基本材料

（1）赛事发展史（创立时间、历届情况、现状等）。

（2）赛事的主要领导、赛事的组织机构、赛事的名人轶事。

（3）赛事项目的设置。

（4）赛事场馆的分布。

（5）赛事的志愿者数量。

（6）赛事的商业合作伙伴、转播商。

2．体育赛事的竞赛资料

（1）赛事日程（开幕式、闭幕式、颁奖等）。

（2）竞赛的分组安排、运动队伍的具体情况。

（3）比赛规则。

（4）运动员、教练员、裁判员的基本信息。

（5）比赛得分情况、最终比赛结果、奖牌数量与排行榜。

（6）比赛奖励与惩罚情况等。

这部分素材信息是不固定的，可结合具体赛事规模和媒体需要进行准备，同时确保信息的准确性、实效性。提供给媒体的赛事信息一定要全面、公正、客观，且能够对媒体记者提出的最基本问题进行回答。

3．体育赛事的相关活动资料

（1）体育赛事的相关庆典活动。

（2）体育赛事相关文化娱乐活动。

体育赛事运作管理机构要尽早提供赛事相关活动的日程安排，尽可能详细地将活动相关资料（活动时间、地点、程序、参与人员等）提供给媒体。

4．记者赛事报道的注意事项

记者报道工作的注意事项，虽然不是媒体直接宣传报道内容，但对记者的报道也有一定的帮助。比如，记者接待的事项、记者采访的注意事项、记者的食宿和交通等。

与此同时，在向媒体提供赛事信息、资料的过程中，要注重构建一个良好的信息交流通道，保证其使用的方式是合法的，且在重大问题和重大事件上的态度是一致的，要构建起一套对外宣传信息发布的审核审批制度，并对采访过程进行严格的要求和规范。

（二）建立赛事媒体沟通机构

1．新闻中心

新闻中心在这里是一个对外公布体育比赛消息的窗口，同时也是一个“官方发言人”，可将各种与比赛相关的消息进行汇总、整理，并在最短时间内公布出来。

体育比赛的新闻中心也是比赛组织者与其他媒体沟通的一个主要媒介，其工作的品质与效率，将会影响到比赛在媒体眼中的形象。为此，新闻中心要主动和其他媒体建立良好的沟通和协调关系。在与媒体相关的宣传和开发工作中，管理人员应该根据比赛的具体规模、工作量以及工作的便捷性等因素，来决定新闻中心的规模和办公地点。

新闻中心应做好以下工作：

（1）向赛事媒体提供各种赛事信息、媒体素材。

（2）举办媒体记者的参观、采访活动及联谊活动。

（3）举办定期或不定期的新闻发布会。

（4）向各媒体记者提供所需的各种设备。

（5）严格管理赛事媒体服务，重视赛事媒体的一站式服务实施。

大型综合性体育赛事的举办，由于赛事项目内容多，通常会选择在多个体育场馆举行比赛，因此需要在不同场馆中设立主新闻中心和多个分新闻中心。

2．体育广播电台和电视台

利用广播与电视的形式，来对体育赛事展开直播和报道，不仅可以对赛事运营方进行更大范围的宣传与推广，为媒体吸引更多的体育观众，还可以为广播站和电视台赢得更多的广告机会。

3．新闻中心的建设

建设赛事新闻中心的具体操作程序如下：

（1）需求及技术调研。对赛事新闻中心进行技术性调研，并明确各媒体记者类别、数量、需求等。

（2）设计方案。赛事主办方和赛事主要管理者在了解相关信息的基础上，进行选址、构造、布局。

（3）实体建设。建设新闻中心，并进行场地改造、装修、装潢。

（4）设备购置。以新闻中心的建设方案为依据，进行电视、广播设备的购买与安置，以确保新闻中心人员能正常办公，并满足各媒体对外宣传报道需求。

（5）安装与调试设备。测试设备并进行试运行工作，确保所有设备正常工作。

（6）人员培训。对新闻中心的专业人员和志愿者进行业务培训，确保技术人员随时维护维修设备，确保各项赛事宣传、报道工作的正常开展。

（7）建设制度。确保新闻中心规范化运作，建立相应的配套制度，如“新闻中心新闻发布会制度”“新闻中心管理制度”“广播电视中心管理制度”等。

（8）运行监测。为了保证新闻中心能够平稳、顺畅地运行，要对新闻中心的运行进行实时监控，以防止出现疏忽或错误。

4．新闻中心建设建议

（1）有效的消息传播。让媒体记者最大限度地快速、全面、准确地了解到比赛信息，在对比赛信息进行加工和创造之后，将其及时地传递给各媒体，让媒体可以对体育比赛信息进行及时的报道和宣传。

（2）提前进行信息交流。在设立新闻中心时，要注意和人的交流，其中最重要的就是与赛事管理人员直接打交道的传媒人员，所以，赛事管理人员要深入了解传媒工作，多听传媒专业人士意见，才能最大限度的调配和使用赛事的资源。

（3）对设备和技术的选择。新闻中心的工作是一项技术性、专业性很强的工作，对网络、计算机、光纤等高科技装备的要求也很高。为了在技术上，对新闻中心的顺利运营进行全面的保证，必须要有专业的设备和技术供应商来完成，这样才能保证比赛的媒体工作能够正常地进行。

（三）与媒体建立与维护关系

对体育赛事进行每日的宣传和推广，是体育赛事市场开发的一个关键步骤。在大型体育比赛的商业运营中，媒体对体育比赛的宣传和推广，其实质是比赛组织者和运营人员与媒体之间建立和保持良好的联系。

赛事组织者在与媒体建立和保持良好的合作关系时，必须充分考虑到时间的影响。具体地说，在大型体育比赛的媒体宣传和推广中，比赛组织者要保持和媒体之间的关系，确定好时间，并在各个合作阶段对合理的事件进行时间控制，这是十分关键的。就其实质而言，建立和维护关系所需的时间是一个可变的因素，比如，组织者需要花一段时间去认识媒体，和他们建立起良好的关系，并用一段时间去维护。在媒体关系的构建和维持中，媒体间的互动关系也受到赛事和主办单位等很多方面的影响。

重大运动活动的开展受诸多因素的影响，其中存在着许多难以预料的突发事件。如何解决这些问题，不仅与赛事的顺利进行有关，还与公众对赛事组织者的举办和运营能力的评价有关，还与获取赛事的总体利益有关。当重大运动活动发生紧急情况时，通过与各个媒体的良好合作，可以使活动组织者与其进行快速、高效、及时的交流。

就拿我国的重大体育赛事的举办为例，全运会、2008年北京奥运会，这些赛事的组织者都是政府，报道各个代表团的赛事情况是很多媒体记者的官方任务。但即便如此，在对赛事进行媒体宣传与推广的过程中，赛事组织者仍要主动跟各媒体结交，其中包括主流媒体和自媒体，与之维持良好的关系，以便让媒体积极、主动、正面地对赛事进行报道与宣传。

在进行重大体育赛事的市场运营和开发的过程中，赛事运营人员也应该与各个媒体保持良好的联系，这是保证赛事转播工作能够顺利进行的一个关键因素。好的媒体联系可以保证体育赛事的可持续的曝光率，帮助建立一个好的赛事形象，并将其传播出去。

赛事运营人员为媒体提供的服务包括：

（1）个性化的服务。为保证新闻媒体工作的顺利开展，必须给予其工作人员便利的条件，如最佳拍摄视野的座位位置、舒适的饮食和住宿等。

（2）新闻媒介技术支撑业务。信息的传递离不开信息传递技术的支撑，因此要准备好媒体设施和设备。

第三章

体育赛事与城市触媒效益

第一节　触媒理论概述

一、触媒与城市触媒

“触媒”（Catalyst）是一种在化学中使用的术语，它的意思是，催化剂可以在反应中起到加速或加速反应的作用，而不会在反应中被消耗掉。“触媒效应”是指当催化剂与某种物质发生反应时，催化剂对它所处的环境或物质所产生的影响。

20世纪80年代末，美国建筑师韦恩·奥图（Wayne Attoe）和唐·洛干（Donn Logan）对美国中西部一些典型城市的复兴案例进行了研究，在《美国都市建筑——城市设计的触媒》一书中提出了“城市触媒”这一概念。在他们看来，城市触媒就像是一种化学反应，一种物质的改变，会引起一系列的改变，从而影响到更大的范围。城市催化剂，也被称为城市发展的催化剂，其实体形式可以是建筑，可以是开放空间，可以是一个结构，可以是一个标志性的事件，可以是一个特色的活动，可以是一种城市建设思潮，可以是一种非物质形式。城市催化剂具有可持续的功能，它可以刺激并推动城市的发展，从而推动城市的持续渐进发展。城市催化剂的功能特点可概括为：新要素对周边要素具有影响；能使现有要素增值或进行有益转化；不会破坏文本的脉络；积极的催化剂反应要求理解它的脉络；催化剂的反应并不完全相同。由此，可以在发展中，利用标志性建筑、公共空间或大型活动等，引发对周边地区的整体更新，从而发挥“以点带动面”的催化效应。“城市触媒”理论的核心是：以“城市催化剂”的构建，在市场经济条件和价值规律的影响下，促进有关功能的聚集和后续工程的链式发展，进而激发、引导和推动城市发展。简单来说，就是“推动城市结构的持续性、渐进性的变革，使其成为一种能够激励、指导后续发展的要素，而不只是一种终极产物”。另外，城市催化剂是有级别的，也就是说，因为各个催化剂项目的重要性和影响度的不同，其对周围环境的刺激强度也就会有差别，并且其作用力还与空间距离成正比。

二、大型体育赛事的城市触媒体角色

在城市发展规划中，要考虑到不同发展阶段的需求，确定在不同区域的发展方向、阶段和强度，并对其进行“触媒”响应区域设计，依据触媒自身的性质和规模以及触发能的大小，合理地发挥和调控其对城市发展的推动效应。

大型体育赛事是一项重大活动，是一种“触媒体”的来源，能够引起一系列的、持续的、连锁的城市效应。在“触媒”理论的研究中，重大体育运动项目被视为推动城市发展的一种重要“触媒体”。在举办体育赛事的过程中，体育因素与社会中的其他各个方面要素产生了紧密的关系，并对社会中的多个因素产生影响，从而对赛事举办城市的各个方面产生影响，包括城市的政治影响力、经济发展实力、文化品牌与城市形象建设等。

第二节 基于触媒理论的体育赛事的利益协调

触媒理论着重于对触媒在整体事件中不断发展和改变中所起的影响作用。体育赛事是由多个因素共同作用的，很多赛事的参与者，包括个体和团体，其行为都将对运动事件造成冲击，并有可能引起连锁效应。而赛事参与者的行为与他们的赛事利益追求有着十分紧密的联系，在大型体育赛事的举办中，如何恰当地处理好赛事不同参与者的利益关系是十分重要的，只有当所有人的利益都得到了一定的满足，他们才能相互协调、相互配合，同时相互制约、相互牵制，让整个赛事的运动保持一个动态平衡，从而推动赛事的顺利开展，并最终实现最佳赛事效益。

一、大型体育赛事利益主体构成

（一）赛事核心利益者

1．政府

政府是重大活动的主导方，它可以通过组织各类重大活动来塑造一个好的城市形象，在重大活动中起到了不可忽视的作用。大型体育赛事，不仅要有各种的体育资源，好的社会和人文环境，还要有一个持续的建设和培育过程，而这些都需要政府的大力支持。

2．赛事所有权人（主办机构）

所有权属于一种物权归属，对于物权拥有者，即所有权人而言，其对物体的所有权是绝对的，具有排他性，并且可以长时间的持续拥有，直到物权的转移。所有权人对其所有物享有占有、使用、收益和处置权，体育赛事项目的所有权人也享有这一权利。其对赛事的性质、举办地点、举办时间、举办项目等方面起着决定性作用。

3．承办方

举办赛事时，通常由承办单位提供场地、设施、交通、通信等服务。在重大的运动比赛中，承办方的软硬件条件对运动比赛的成功起着至关重要的作用。在比赛过程中，为了避免影响到本地民众，承办单位必须妥善安排交通、医疗、后勤等方面的工作，并协调政府、赛事经营者等各方利益，保证赛事的顺利开展。

4．赞助商

在体育比赛中，赞助商是一个非常重要的权益人。比赛在举行的过程中会耗费很多的体育资源，但是，体育组委会拥有的体育资源通常非常有限，所以需要体育赞助商来提供帮助，而赞助商通常需要借助大型活动来宣传和推广自己的品牌和产品，因此会愿意在一定程度上为比赛提供人力、物力和财力上的支持。在体育比赛的运作中，也必须将赞助商的合理要求纳入其中，同时满足比赛赞助商和比赛组织者的需要。

（二）体育赛事蛰伏利益者

1．媒体

随着科技的进步，在体育赛事中，传媒的地位变得更加重要，它通过对比赛的直播和转播，在大量观众面前大力宣传赛事主办方，同时也增加自身的媒体影响力，获得收益。重大赛事的组织者们都与传媒的联系十分紧密，在比赛现场随处可见媒体人员在进行宣传报道。

2．赛事参与者与观众

赛事的参与者包括运动员、教练、裁判，以及观众。运动员、教练员和裁判可以在比赛中得到关注和奖励。如果比赛的正常进行出现问题，运动员的权益就会受到影响。

赛事的观众不仅仅包含了现场的观众，还包含了在比赛之外，通过电视、广播、网络来观看和收听比赛的观众。这些不同类型的观众通过支付赛事门票、电信费用、流量费用来为赛事提供支持。赛事观众的数量会对赛事的直接收入和广告收入产生很大的影响。

（三）赛事边缘利益者

1．志愿者

志愿者是举办重大体育赛事的一项重要的人力资源，志愿者的增加可以减少体育赛事的经费支出，促进体育赛事的顺利进行。志愿者的征召一般都是在赛前就已经开始筹备，多为高校学生或举办地的本地居民。他们会以个人的身份参加比赛，为比赛做出贡献。志愿者大多数情况下是免费的，对他们而言，实践经历更加重要。大型体育比赛中常常组织了大量的社会实践活动，这可以让志愿者的个人简历变得更加丰富，也给他们带来了更好的发展空间。

2．自然环境

作为一种体育文化活动，体育赛事与自然环境也有着十分紧密的联系，它的举办能够对比赛举办地的自然环境产生影响。现如今，各方都在倡导，在体育赛事举办的过程中，应该对环境的保护给予足够的重视，提倡举办绿色赛事、人文赛事，促进体育与环境的和谐发展。主办单位在主办体育赛事时，对环境保护负有重大的义务。相对于其他赛事的利益者而言，自然环境在竞技比赛中是最消极的一个。

二、大型体育赛事利益相关者的利益协调原则

在重大体育赛事中，会牵扯到多个利益主体，其中每一个利益主体的目标和

决策、行动，都可能对体育赛事以及体育赛事其他利益相关者的发展造成影响，他们的关系非常紧密。由于各利益方所追求的目标不尽相同，在竞赛过程中，各利益方之间往往会发生一些矛盾和摩擦。因此，应当遵守如下原则：

（一）自我发展原则

自我发展原则指的是，在进行利益协调的时候，要一直把自己放在核心利益者的立场上，让每一个利益主体都可以得到好处，从而让核心利益者的自我持续发展和良好运作得以实现。

为了使比赛项目能更好地发挥自身的作用，比赛项目的策划和运营需要重视项目所涉及的利益主体的诉求和实现状况。在满足了各利益方的要求后，各利益方会更加积极地为推动比赛的顺利进行而做出自己的贡献。

（二）综合性原则

在体育比赛的利益协调中，应当考虑到所有参与者的利益诉求和利益的实现，这样才能达到平衡。在存在利益冲突的情况下，应该将赛事核心利益者的利益实现作为首要目标，并注重与其他赛事利益者展开及时、真诚的沟通，尽可能地拿出一个让各方都能满意的操作计划。

（三）共同参与原则

这是一项复杂而又细致的工作，每一项工作都需要各方的配合。体育赛事的成功与否，并非单凭某一团体或某一个体之力就可以完成，它还必须有各种资源的支援，以及各种关系的协调。赛事管理者应该注意赛事中的各个利益方是否都对赛事的发展给予了有力的支持，在做好赛事推进职责的同时，确保各个利益方可以被协调起来，在赛事的各项工作中，推动各个利益主体之间的合作。

第三节　体育赛事的城市触媒效益

大型体育赛事对各个方面的赛事资源和环境都有很高的要求。为了能够满足大型体育赛事的场地、人员、交通和环境等需求，城市的硬件设施必须具有一定的容量，要有发达的交通和通信等配套设施。伴随着社会和经济的持续发展，每一个城市在崛起之后，都会乐于接受一些重大的活动，以此来发展自己的经济，对城市进行改造，对城市的发展进行完善，对城市规划、城市旅游、城市公共环境、城市品牌形象等方面进行提高。体育赛事具有较大的影响力，能够对比赛举行时涉及的各个方面造成重大的影响，并且这种影响是可持续的，不仅是在比赛期间，还会对城市今后数年，乃至数十年的长远发展造成重大的影响。对赛事举办城市触媒效益的研究，其着眼点就是促进比赛对城市的正面影响，减少并杜绝比赛对城市的负面影响。

一、大型体育赛事举办的城市触媒多元效益

（一）政治方面

重大的体育赛事总是和政治有着千丝万缕的联系。从宏观政策的角度来看，发达国家往往将举办体育比赛视为一种推动国家意志的方式，体育比赛变成了实现多种政治目的的政治手段。对奥运会的举办地而言，主办一项重大的体育活动，特别是一项在国际上有较大影响力的活动，将会提升自身的国际知名度，吸引公众的目光，改善自身的政治形象。

（二）经济方面

体育和经济有着紧密的联系，大型体育赛事会对主办城市的经济发展产生一定的影响。主办城市能否承办重大运动项目，取决于主办城市的经济水平。大型体育赛事的举行，是一座城市在发展过程中的一项重大活动，它对主办城市的体育经济以及与之相关联的其他行业的发展有着广泛而深刻的影响。在现代社会，体育赛事已经成为一种新的经济增长点，能够促进城市经济的发展。

就拿奥运会来说，它既要达到推动其举办城市发展的目的，又要达到推动其举办城市政治、经济和文化发展的目的。一方面，奥林匹克运动需要吸收大量的资本，以满足其自身的发展需要；另一方面，奥运会还能带来显著的经济效果，是促进城市经济发展的一种有力的“催化剂”。

奥运会对举办国和举办城市的经济发展主要是通过以下几方面显示出直接的促进作用：

（1）奥运会参与人员的各种参观活动与商业活动。

（2）通信、电子媒介等方面的投入。

（3）赞助商的各种活动。

（4）纪念品的生产与发售。

（5）场馆和奥运村的运营与管理。

（6）体育旅游。

（7）体育设施改善后的大众体育健身消费。

另外，举办奥运会对增加城镇的就业也起到了一定的作用。在我国，劳动力资源的开发与利用一直是一个热点问题。一场大型体育赛事的举办，需要有大量的工作人员参加。除了比赛举办时的工作人员之外，在准备赛事的时候，就已经开始投入人力了。比如，建设各种体育设施、交通设施、通信设施、服务设施等，都需要人力支持。可见，体育赛事的举办可以提高就业，推动区域经济发展。

（三）文化方面

在城市的发展过程中，文化因素起着举足轻重的作用。体育比赛既有国家和民族悠久的历史文化内涵，又有城市近代体育文化的内涵。就拿奥运会来说，每一次的开幕式都是一次文化的大餐，它体现了主办城市、国家和民族的优秀文化。北京奥运会开幕式展示了中国5000年灿烂的文明史，这是一场精彩的盛会。开幕式上中国古代印刷术和汉字文化内涵的展示，产生了深远的影响，体现了中华民族的智慧结晶。奥运会所展示的文化不再只是一项体育文化，它还将整个社会的文明都包含在其中，它不仅是一项体育交流活动，而且还是一项有着丰富内涵的文化交流活动。

（四）旅游方面

一般而言，大型体育赛事往往会吸引更多的游客。体育赛事旅游是一种重要的旅游方式，具体而言，就是赛事举办城市、国家或地区经常会在赛事期间举办各类大规模的体育文化活动，体育爱好者们在赛事举办的过程中，会前往体育赛场，观看精彩的赛事，在赛事结束之后，他们还会参加城市的体育文化活动，并参观赛事举办城市的物质、人文旅游资源。一般来说，主办重大体育赛事的城市，都是在世界范围内有重大影响力的，既是一座政治经济名城，又是一座拥有丰富历史文化和旅游资源的城市。城市体育旅游不再限于比赛场地中，而是在比赛结束后，人们会到当地的旅游景点，特别是具有代表性的名胜古迹进行游览。很明显，重大体育赛事对于城市旅游业的影响具有长远的意义，它对一个城市的旅游经济具有刺激作用，且能够持续到比赛结束后的数年，乃至更久。

（五）自然环境方面

重大体育赛事的成功实施，将会给主办城市带来巨大的冲击。为使比赛顺利进行，比赛场地往往进行城市绿地的建设，对生态环境保护起着重要的作用。体育赛事对主办地的自然环境的影响主要体现在土地、废弃物、居民生活环境等方面。首先，为了举行重大的体育活动，必须建设大量的运动场，而这些运动场势必会占用一些城区土地，这就需要对城市建设用地进行合理规划。其次，重大体育活动将会带来大规模的人群流动，从而导致各种生活垃圾、交通问题，这些同样需要合理规划，避免造成严重的污染。除此之外，大型体育赛事的举行也会对城镇居民的日常居住环境带来一定的冲击，促使城市做好基础设施建设，从而提高城市的整体水平，进而提高居民的居住水平。

然而，我们也要意识到，如果城市的基础设施供给超出了实际需要，就会导致巨大的资源浪费，同时还会引起各种各样的环境问题，这将对人们的正常生活和生产环境产生影响，对城市的长期发展不利。所以，赛事的管理者，尤其是政府部门一定要对举办赛事可能会对周围的环境造成的冲击和影响进行慎重的考量。

二、大型体育赛事城市触媒效益最大化发展建议

（一）基础设施投资与综合利用

1．大型体育赛事推动的基础设施投资与城市发展

大型体育赛事的举办，无疑为城市基础设施的建设注入了强大的动力。体育场馆、交通设施和通信网络等基础设施的完善，是城市现代化进程中不可或缺的一环。在体育场馆方面，大型体育赛事的需求推动了其建设和改造的步伐。这些体育场馆不仅在设计上追求现代化和功能性，更在赛后利用上展现出

多元化的特点。交通设施的完善则是大型体育赛事推动城市发展的另一重要方面。为了满足赛事期间大量人流和物流的需求，城市会投入巨资完善交通网络，提升交通设施的便捷性和承载能力，确保了赛事期间的交通顺畅。道路拓宽、交通枢纽的改造、公共交通线路的优化等措施，都为城市的交通状况带来了积极的变化。而在信息化、数字化的时代背景下，通信网络的重要性不言而喻。大型体育赛事的举办对通信网络提出了更高的要求。为了满足赛事期间信息传递和数据处理的需求，城市会加强通信基础设施的建设，提升网络覆盖和数据处理能力，保障了赛事的顺利运行。

2．基础设施的综合利用与城市可持续发展

大型体育赛事所推动的基础设施建设，其意义远超过赛事本身。这些设施的综合利用，不仅关乎城市的日常运转，更与城市的可持续发展紧密相连。以体育场馆为例，其赛后利用方式的多样性和创新性，直接影响了场馆的生命周期和城市的文化活力。通过引入新兴体育潮流运动、文娱演出等活动，体育场馆得以在赛后继续保持活力，成为城市居民休闲娱乐的重要场所。这不仅提高了场馆的利用率，还丰富了市民的文化生活，进一步增强了城市的吸引力和凝聚力。同时，体育场馆在闲置时段还可以作为会展中心、会议中心等使用，这种多元化的利用方式不仅提升了场馆的经济效益，还促进了城市相关产业的发展。同时，大型体育赛事的举办推动了城市交通网络的完善，而这些设施在赛后同样发挥着重要的作用。通过优化公共交通线路、提升交通设施的便捷性和舒适性，可以吸引更多的市民选择公共交通出行，从而减少私家车的使用和城市的交通拥堵。这不仅有利于降低空气污染和噪声污染，还能提高城市交通的效率和安全性。此外，随着信息化、数字化时代的到来，通信网络的重要性日益凸显。通过加强通信基础设施的建设和升级，可以提高城市管理的效率和水平，推动城市的智慧化发展，并且，通信网络还能为市民提供更加便捷的信息服务，促进城市的创新和创业环境。

（二）经济效益与产业发展

1．大型体育赛事对城市经济的短期与长期影响

在赛事筹备与举办期间，大量的投资和消费直接拉动了城市的经济增长。建筑业、制造业、服务业等多个行业都因此受益，就业机会增加，城市的税收收入也随之上涨。特别是当成千上万的观众和游客涌入城市，住宿、餐饮、零售等行业的收入显著提升，为城市带来了可观的经济效益。但大型体育赛事对城市经济的影响远不止于此。从长远来看，这类赛事为城市提供了一个展示自身形象和实力的平台，吸引了更多的国内外投资和商业机会。赛事的成功举办提升了城市的知名度和美誉度，使得更多的企业和个人愿意选择在该城市投资、工作和生活。大型体育赛事对城市经济的影响是全方位的，既带来了短期的经济刺激，也为城市的长期发展注入了新的动力。城市应该充分利用这一机遇，推动经济的全面发展。

2．大型体育赛事与产业链发展的相互促进

以体育赛事为核心，一系列相关产业如体育用品制造、体育赛事策划与管理、体育旅游等逐渐形成了紧密的产业链。大型体育赛事的举办，为这些产业带来了巨大的市场需求和发展空间。体育用品制造业因此得到了新的发展机遇，从设计、生产到销售，整个流程都得到了激活和提升。同时，体育赛事策划与管理行业也迎来了新的挑战和机遇，需要不断创新和提高专业水平以满足市场的需求。此外，大型体育赛事还推动了体育旅游业的快速发展。随着赛事的举办，越来越多的游客选择来到举办城市观赛和旅游，这不仅为城市带来了可观的旅游收入，也促进了旅游相关产业的发展。酒店业、餐饮业、娱乐业等都与体育赛事形成了良好的互动和共赢关系。更为重要的是，为了适应赛事的需求和市场的发展，相关产业必须不断发展自身的技术水平和创新能力。这种创新和升级不仅提高了产业的竞争力，也为城市的经济发展注入了新的活力。因此，大型体育赛事与产业链发展之间存在着相互促进的关系。赛事的举办推动了相关产业的发展和创新，而产业链的发展又为赛事的举办提供了更好的条件和支撑。这种良性循环为城市的经济发展和产业升级注入了强大的动力。

第四章

城市品牌与品牌形象

第一节　城市品牌形象的构成要素

一、城市品牌形象的构成学说

关于城市品牌形象的构成要素，学界有很多不同的定义和看法。整体来讲，一种是把城市品牌形象分为有机形象、诱导形象和综合形象三种类型，另一种是把城市品牌形象的组成划分为认知形象和情感形象。

美国学者Gunn 于1972年首先提出了旅游地形象的组成模型，他认为旅游地形象有两种生成方式：有机形象和诱发形象。有机形象来源于教科书和电视节目中对城市整体形象的描绘；诱导形象来自旅游业对城市的宣传和促销活动。学者Goodrich 于1978年提出旅游地形象有两种形成方式：通过拜访而形成的一手目的地形象；通过从外部资源中获取信息而形成的二手形象，他的观点得到了部分学者的认同。学者Fakeye和Crompton认为，城市印象的形成，与人们在城市中所花费的时间有直接关系，因此，在Gunn的基础上，他们于1991年提出了第三种形象：综合形象，即通过在城市的真实体验而形成的印象。三种形象之间的关系为：游客首先透过有机形象，认识多元的城市；当产生旅游欲望后，他们会积极地寻找相关的信息，以满足自己的特殊需要，在这个信息搜索的过程中，他们会接触到很多城市的旅游宣传资料，从而形成了诱导形象；在此基础上，他们再对其进行评价，并挑选出一个可以为自己带来最佳体验的城市，以现实的经验与互动，建构出一幅完整的“城市印象”，即综合形象。目标城市若能达到参观者的预期，则为积极印象，反之则为消极印象。一个城市的综合形象，有可能会对人们将来的旅游体验产生很大影响。

学者Echtner和Ritchie于1991年从另外一个角度对城市品牌形象构成进行了研究，他们认为，城市品牌形象应从城市的个体属性和整体形象两个方面来考虑：就城市的个体属性来说，城市品牌形象可分为共享型和独特型两大类；城市品牌的整体形象是由认知层面和情感层面的形象构成。学者Baloglu和McCleary在1999年、Beerli和Martin在2004年也指出，城市品牌形象包含了对文化、自然、社会属性、城市旅游基础设施认知（认知形象），以及游客对城市的感受和情绪（情感形象）。一个城市的品牌形象是动态的、会不断变化。

本书结合前文的研究，认同Echtner和Ritchie的观点，即：城市品牌形象主要包括认知形象和情感形象。其中，认知形象是游客对城市历史文化、自然、经济、城市基础设施等的感知，情感形象是游客可能产生的对城市的感觉和情绪。下面将对认知形象与情感形象的关系进行梳理。

二、形象构成要素之间的关系研究（图4–1）

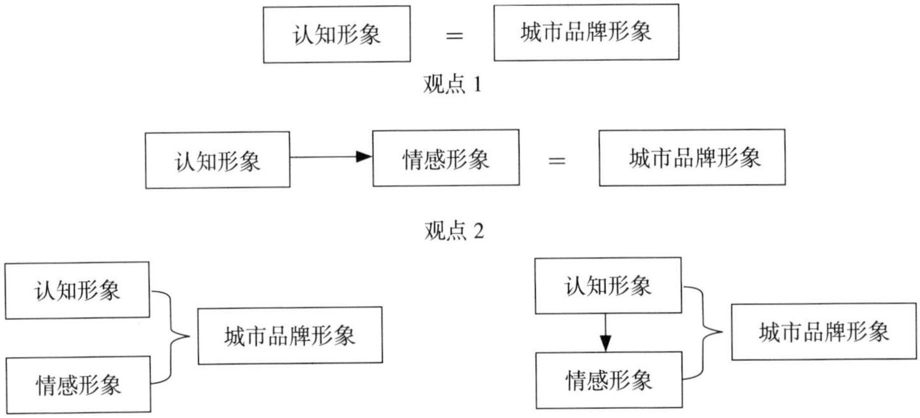

图4–1　城市品牌形象要素之间的关系

（一）认知形象占主导

1. 体育赛事对认知形象的影响

体育赛事作为城市形象的重要展示平台，对城市的认知形象具有影响。体育赛事的举办能够吸引国内外众多媒体的关注，通过广泛的报道和传播，提升城市的曝光度和知名度。这种曝光不仅局限于赛事本身，还包括城市的风景、文化、历史等多个方面，从而塑造出更加立体、生动的城市形象。体育赛事的举办还能够展示城市的组织能力、服务水平和综合实力。一场成功的体育赛事，需要政府、企业和社会各界的共同努力，这本身就是对城市综合实力的一次全面检验。通过体育赛事的成功举办，能够向外界传递出城市高效、专业、友好的形象，进一步提升城市的美誉度。体育赛事不仅是一种体育竞技活动，更是一个文化交流的平台。通过体育赛事，来自不同国家和地区的运动员、观众和媒体能够聚集在一起，共同感受城市的文化氛围和特色。这种文化交流不仅能够丰富城市的文化内涵，还能够促进不同文化之间的融合和发展。

2. 认知形象构成要素之间的关系

在城市品牌建设中，认知形象的构成要素主要包括城市知名度、美誉度和忠诚度。这些要素之间相互关联、相互影响，共同构成了城市的整体形象。通过体育赛事的举办，城市能够获得更多的曝光机会，从而提高知名度。知名度的提升又能够进一步吸引更多的关注和资源，为城市的发展提供更多的机遇。体育赛事的成功举办能够展示城市的专业水平和服务质量，从而提升城市的美誉度。美誉度的提升又能够增强城市的吸引力和竞争力，为城市的经济和社会发展创造更加有利的条件。通过提高知名度和美誉度，城市能够吸引更多的游客、投资者和居民，从而培养他们对城市的忠诚度和归属感。这种忠诚度不仅能够为城市带来稳定的经济收益，还能够为城市的长远发展提供有力的支持。

3. 体育赛事与城市品牌建设的互动关系

体育赛事与城市品牌建设之间存在着互动关系，一方面，体育赛事的举办能够推动城市品牌建设的发展；另一方面，城市品牌建设又能够为体育赛事的举办提供更好的条件和保障。体育赛事的举办需要城市提供完善的基础设施和优质的服务保障。这不仅能够满足赛事本身的需求，还能够为城市的基础设施建设和公共服务水平的提升提供动力。通过这些举措，城市能够进一步改善居民的生活质量，提高城市的整体竞争力。城市品牌建设能够为体育赛事的举办吸引更多的关注和资源。一个具有知名度和美誉度的城市，往往能够吸引更多的优秀运动员、教练员和裁判员参与赛事，提高赛事的水平和影响力。同时，城市品牌建设还能够为赛事的商业化运作提供更多的机遇和空间，推动赛事的可持续发展。

（二）情感形象占主导

1．体育赛事激发城市归属感

体育赛事的举办，尤其是国际性或全国性的大型赛事，往往能够激发市民对城市的强烈归属感。当市民看到自己的城市代表团队在赛场上取得好成绩，或者当城市因为赛事的举办而受到全国乃至全世界的关注时，他们会由衷地为自己的城市感到骄傲。这种骄傲感进而转化为对城市品牌的认同和支持，增强了市民对城市的情感联结。此外，体育赛事还能促进市民之间的交流与团结。在赛事期间，市民们共同关注比赛，一起加油，这种共同的情感体验加深了市民之间的联系和友谊，也为城市品牌建设奠定了坚实的民意基础。

2．体育赛事塑造城市独特魅力

每一座城市都有其独特的文化和历史背景，而体育赛事正是展示这些独特魅力的绝佳平台。通过举办具有地方特色的体育赛事，城市能够向外界展示自己的文化底蕴和城市精神。如一些城市通过举办传统的龙舟赛、马拉松等赛事，不仅吸引了大量的参赛者和观众，还成功地塑造了城市独特的文化形象。同时，体育赛事也是城市活力和创新力的体现。一场成功的体育赛事，往往需要政府、企业和社会各界的共同努力与配合，这本身就是城市创新能力和协作精神的展现。这种精神也会感染到每一个市民和外来游客，使他们对城市产生更加深刻和积极的情感印象。

3．体育赛事促进城市国际交流与合作

通过体育赛事的举办，城市能够吸引来自世界各地的运动员、教练员、裁判员以及观众，为城市带来多元化的文化交流和商业合作机会。在这些交流与合作中，城市的情感形象起着至关重要的作用。一个友好、热情、包容的城市，往往能够赢得更多国际友人的好感和信任，进而促进更多的国际合作项目落地。这些合作项目不仅能够推动城市经济的发展，还能够进一步提升城市的国际知名度和影响力。同时，情感形象的建设并非一蹴而就，而是需要长期的积累和努力。因此，城市在举办体育赛事时，应该注重细节和服务质量，确保每一位参赛者和观众都能感受到城市的热情和专业。

（三）认知形象和情感形象并驾齐驱

1．增强城市认知形象

体育赛事的举办是城市展示自身特色和实力的重要机会。通过体育赛事，城市能够向外界展示自己的基础设施、组织能力、服务水平以及文化内涵等多方面实力。这些展示不仅提升了城市的知名度，更塑造了公众对城市的认知形象。一方面，体育赛事的举办需要完善的场馆设施、便捷的交通网络和高效的安保措施等，这些都是城市硬实力的体现。当这些硬件设施得到成功展示时，公众对城市的认知形象自然会得到提升。另一方面，体育赛事还是城市文化和精神的展示窗口。通过赛事的举办，城市能够向外界传递自己的文化特色和价值观，从而增强公众对城市文化软实力的认知。这种文化认知的提升，有助于塑造城市独特的品牌形象。

2．激发城市情感形象

体育赛事还能激发公众对城市的情感形象。体育赛事往往具有高度的观赏性和参与性，能够引发公众的广泛关注和情感共鸣。在赛事举办期间，城市往往会弥漫着浓厚的体育氛围。市民们共同关注比赛，为城市队伍加油助威，这种共同的情感体验能够加深市民对城市的归属感和认同感。同时，对于外来观众和游客来说，一场精彩的体育赛事也能让他们对城市产生积极的情感体验，从而提升城市的情感形象。

3．体育赛事促进认知与情感的融合

在城市品牌建设中，认知形象和情感形象并非孤立存在，而是相互关联、相互影响的。体育赛事的举办正是促进这两种形象融合的重要契机。通过体育赛事的举办，城市不仅能够展示自己的硬实力和软实力，提升公众的认知形象；还能通过赛事的观赏性和参与性激发公众的情感共鸣，塑造积极的情感形象。当这两种形象在公众心中得到有机融合时，城市品牌的整体形象自然会得到提升。此外，体育赛事的举办还能为城市带来多元化的文化交流和商业合作机会。这些交流和合作不仅能够推动城市经济的发展，还能进一步丰富城市的文化内涵和品牌形象。在这种多元化的交流和互动中，城市的认知形象和情感形象将得到更加全面和深入地展示和传播。

（四）认知形象与情感形象并存，情感形象受认知形象影响

1. 认知形象与情感形象的并存关系

在城市品牌形象的构建中，认知形象和情感形象并存，二者相辅相成，共同构成了公众对城市的整体印象。认知形象是公众对城市各项属性的客观认识和了解，包括城市的基础设施、经济发展水平、历史文化、自然景观等。这些客观存在的元素构成了城市的“骨架”，是公众形成对城市初步印象的基础。而情感形象则是公众对城市的主观感受和情感倾向，它受到认知形象的影响，同时又是独立于认知形象的另一种评价维度。情感形象体现了公众对城市的喜好、满意度和归属感，是城市品牌形象中不可或缺的一部分。

2. 认知形象对情感形象的影响机制

公众在了解和认识城市的过程中，会首先对城市的各项属性进行客观评估，形成认知形象。这一形象会直接影响公众对城市的情感倾向。当公众对城市的认知形象持正面评价时，他们往往会对城市产生积极的情感反应，如喜爱、满意等；反之，如果认知形象不佳，则可能引发消极的情感反应。此外，认知形象的深度和广度也会影响情感形象的形成。当公众对城市有更深入、全面地了解时，他们更容易形成稳定的情感倾向。这种深入的了解可能来自长期居住、多次访问或者对城市文化的深入研究等。

3. 城市品牌形象塑造中的认知与情感策略

在城市品牌形象的塑造过程中，应充分考虑认知形象和情感形象的并存关系以及认知形象对情感形象的影响。一是城市应努力提升和完善自身的客观属性，如加强基础设施建设、提高公共服务水平、保护历史文化遗产等，以塑造积极的认知形象。二是城市应注重与公众的情感沟通，通过各种渠道和方式传递城市的温度和魅力，增强公众对城市的归属感和喜爱度。例如，可以通过举办各类文化活动、旅游节庆等吸引公众参与，让他们在亲身体验中感受城市的独特魅力。三是城市应建立有效的反馈机制，及时了解公众对城市的认知和情感反应，以便及时调整品牌形象塑造策略。通过持续地改进和创新，不断提升城市的认知形象和情感形象，进而提升城市的整体品牌形象。

三、城市品牌形象的构成系统

（一）城市理念识别

城市理念识别研究方向深入探讨城市的文化建设、发展目标以及城市精神等理念层面的内容。城市的品牌形象不仅仅是由其物质建设和经济发展所塑造的，更重要的是其所秉承和倡导的核心价值和发展理念，这些理念为城市注入了灵魂，使其在众多城市中脱颖而出，展现出独特的魅力和气质。明确和传达这些理念对于城市的长期发展和品牌建设至关重要，其不仅可以为城市居民提供一个共同的价值追求，还能吸引外界的目光，让更多人了解和认同这座城市。例如，某些城市倡导创新，鼓励市民和企业不断探索和尝试，为城市注入源源不断的活力；有些城市则强调包容，欢迎来自各地的人才和文化，形成多元、开放的社会氛围；还有些城市致力于绿色发展，注重生态保护和环境建设，为居民创造更加宜居的生活环境。这些发展理念不仅为城市塑造了独特的品牌形象，还增强了城市的凝聚力和向心力，使其成为一个让人向往的地方。

（二）城市行为识别

城市行为识别研究方向专注于探究城市在管理、服务以及推广等各个环节中的实际操作与行为表现。城市的日常运营和各项服务是外界了解和评价一个城市品牌形象的重要窗口。这些行为不仅映射出城市的管理理念和服务标准，更直接关系到外界对城市整体形象的直观印象和长期评价。举例来说，一个城市的公共服务质量高低，如公共交通的便捷性、医疗教育资源的均衡分布等，都会影响到居民的生活质量和外来游客的体验，政府部门的办事效率和服务态度，同样也成为衡量城市形象的重要指标。此外，市民的文明行为，如遵守交通规则、爱护公共设施、热情友善等，都在无形中塑造着城市的“软”形象。

（三）城市视觉识别

城市视觉识别研究方向主要聚焦于城市的视觉符号系统，其涵盖了诸如城市标志、标准字体、标准色彩等核心视觉元素，这些元素在塑造和传达城市品牌形象上扮演着至关重要的角色。作为最直观、最具象化的表现形式，它们能够迅速而准确地传达出城市的特色和核心理念。举例来说，一个精心设计的城市标志，往往能够巧妙地融合城市的历史文化、地理环境以及未来发展愿景等元素，从而成为该城市独有的识别符号。同样，标准字体和标准色彩的选择也绝非随意，它们既要体现出城市的文化底蕴，又要符合现代审美趋势，以便在各种传播媒介中脱颖而出。不仅如此，一些城市还通过设计富有创意的宣传海报等视觉作品，来进一步增强其品牌形象的视觉冲击力。这些作品通常会将城市的标志性建筑、自然景观或文化符号巧妙地融入其中，以此来展现城市的独特魅力和无限活力。

第二节　城市品牌形象资源的经营

杭州在举办亚运会后，财政收入和知名度大幅提升，城市品牌形象深入人心，本节以杭州城市品牌的建立和经营为例，讲述如何利用体育赛事构建和经营城市品牌形象。

一、城市品牌的起源及其内涵

（一）杭州城市品牌的起源

杭州城市品牌的起源，可以追溯到其深厚的历史文化底蕴和独特的自然环境。作为一座有着数千年历史的古城，杭州以其秀美的山水、丰富的历史遗迹和浓厚的文化氛围吸引着世人的目光。从古代的吴越文化到现代的都市风情，杭州一直在不断地发展和演变，但始终保持着一种独特的生活方式和品质追求。随着社会的进步和经济的发展，杭州逐渐成了中国乃至全球的重要城市之一。在这个过程中，杭州人民对于生活质量的追求也日益提高。他们不仅关注物质生活的富足，更注重精神生活的充实和提升。这种对生活品质的追求，逐渐成了杭州城市文化的重要组成部分，也为杭州城市品牌的形成奠定了坚实的基础。“生活品质之城”的品牌定位，正是基于杭州人民对生活品质的追求和向往。这一品牌不仅体现了杭州人民的生活方式和价值观念，更彰显了这座城市对于未来发展的愿景和目标。

（二）杭州城市品牌的内涵（图4-2）

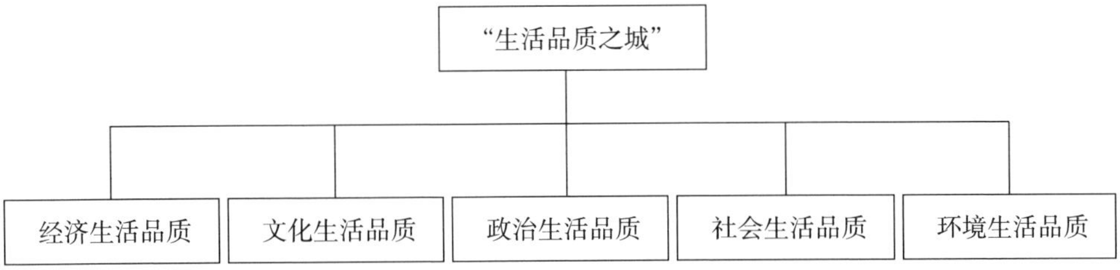

图4-2　杭州城市品牌“生活品质之城”的内涵构成示意图

“生活品质之城”作为杭州的城市品牌，其内涵丰富而深刻。“生活”二字强调杭州与市民日常生活的紧密联系。无论是优美的自然环境、便捷的城市设施，还是丰富的文化活动和社交场所，杭州都为市民提供了优质的生活条件和环境。这种与市民生活的紧密融合，使得杭州成了一个充满活力和魅力的城市。而“品质”二字则体现了杭州对于生活质量的追求和提升。这种品质不仅包括物质层面的富足和舒适，更包括精神层面的充实和愉悦。在杭州，“品质生活”已经成为一种生活态度和价值观念，它激励着人们不断地追求更好的生活状态和更高的生活境界。同时，“生活品质之城”还强调杭州的包容性和多元化特点。作为一个国际化大都市，杭州不仅拥有着悠久的历史文化和独特的自然风光，还汇聚了来自世界各地的优秀人才和资源。这种多元化的文化氛围和包容性的社会环境，为市民提供了更加广阔的生活空间和更多的发展机会。

（三）杭州城市品牌的意义

“生活品质之城”作为杭州的城市品牌，不仅是对过去和现实的总结与肯定，更是对未来的引领和期待。这一品牌体现了杭州人民对于高品质生活的向往和追求，也彰显了这座城市对于未来发展的信心和决心。在未来的发展中，“生活品质之城”将继续引领杭州走向更加繁荣和进步的道路。通过不断提升城市设施、优化公共服务、丰富文化活动等措施，杭州将进一步提高市民的生活质量和幸福感。同时，杭州还将积极推动经济转型升级和创新发展，为市民提供更多的就业机会和创业空间。在“生活品质之城”的引领下，杭州成为一个更加宜居、宜业、宜游的现代化大都市。

二、城市品牌形象的设计与塑造

（一）城市品牌形象的定位

城市品牌形象的定位是设计与塑造的第一步，它决定了城市在市场中的独特位置和竞争优势。体育赛事的举办能够帮助城市明确并强化其品牌定位。例如，通过举办大型国际体育赛事，城市可以突出其国际化、现代化的形象，吸引全球目光。在这个过程中，城市需要深入挖掘自身的历史文化、地理环境、产业特色等资源，找到与体育赛事相契合的点，从而精准定位城市品牌形象。杭州作为“生活品质之城”，通过举办亚运会等大型体育赛事，进一步强化了其作为国际化大都市和品质生活高地的品牌定位。这些赛事不仅提升了杭州的知名度，还展示了杭州独特的城市风貌和品质生活，使得“生活品质之城”的品牌形象更加深入人心。

（二）城市品牌形象的视觉识别

体育赛事为城市品牌形象的视觉识别提供了丰富的素材和灵感来源。通过体育赛事的标识、吉祥物、主题口号等元素的设计与运用，可以有效地传递城市的品牌形象和价值观。杭州在举办亚运会时，通过精心设计的亚运会会徽、吉祥物和主题口号等视觉元素，成功地传达了杭州作为“生活品质之城”的品牌形象。这些视觉元素不仅具有强烈的辨识度和记忆点，还能够引发人们的情感共鸣，从而加深对杭州城市品牌的认知和认同（图4-3）。

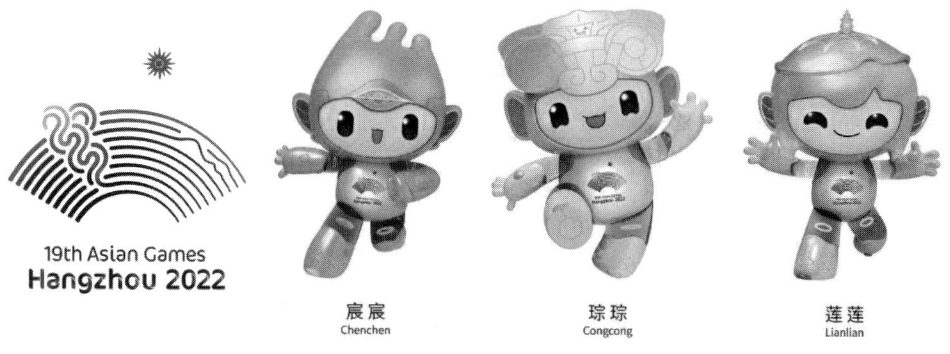

图4-3　杭州亚运会会徽、吉祥物

（三）体育赛事与城市品牌形象的传播与推广

1. 充分利用体育赛事的媒体

体育赛事的举办往往能吸引大量媒体的关注，包括电视、广播、报纸以及网络媒体等。这些媒体渠道的广泛覆盖，为城市品牌形象的传播提供了得天独厚的条件。城市应充分利用这一机会，通过精心策划和组织，将自身的品牌形象融入赛事报道中。以电视直播为例，城市可以与电视台合作，在直播过程中穿插播放城市宣传片，展示城市的风光、文化和历史。同时，还可以邀请知名主持人或解说员在直播中介绍城市的特色和亮点，增强观众对城市品牌的印象。此外，网络媒体也是一个不可忽视的传播渠道。城市可以利用官方网站、社交媒体等平台，发布赛事相关的新闻、图片和视频，吸引更多网友的关注和转发。在杭州亚运会期间，杭州就充分利用了媒体曝光的机会。国内外主流媒体的广泛报道，让全球观众看到了杭州的美丽风光和独特文化。这种媒体曝光不仅提升了杭州的知名度，还增强了其作为“生活品质之城”的品牌形象（图4-4）。

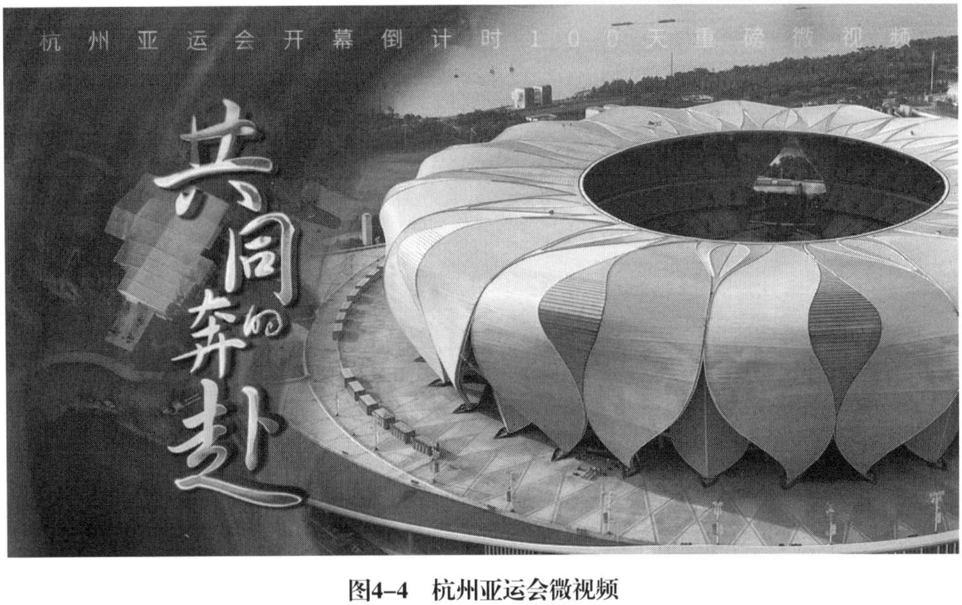

图4-4　杭州亚运会微视频

2．发挥社交媒体的互动优势

在数字化时代，社交媒体已成为人们获取信息、交流观点的重要平台。城市应抓住这一机遇，利用社交媒体与公众进行互动，提升城市品牌形象。同时，还可以利用社交媒体的广告投放功能，精准地将城市品牌形象推送给目标受众。此外，城市还可以借助社交媒体的影响力，与网红、明星等合作，邀请他们来到城市体验并分享城市的魅力。这些合作不仅能够扩大城市的曝光度，还能吸引更多粉丝关注和参与到城市品牌形象的传播中来。在杭州亚运会期间，社交媒体上关于杭州的讨论热度持续高涨。网友们纷纷转发和评论与亚运会相关的内容，进一步推动了杭州品牌形象的传播。同时，杭州还借助社交媒体的力量，推出了一系列线上互动活动，如线上投票、话题挑战等，吸引了大量网友的参与和互动。

3．结合体育赛事推出特色推广活动

体育赛事的举办为城市提供了展示自身特色的绝佳机会。城市可以结合赛事的特点和受众需求，推出具有地方特色的推广活动，进一步提升城市品牌形象的价值。城市可以举办与赛事相关的文化活动、艺术展览等，展示城市的文化底蕴和艺术魅力。同时，还可以推出特色旅游线路和产品，吸引更多游客前来体验和消费。这些推广活动不仅能够丰富赛事的内涵和外延，还能为城市带来可观的经济效益和社会效益。在杭州亚运会期间，杭州就推出了一系列特色推广活动。如借助亚运会的影响力，推出了“迎亚运·游杭州”旅游推广活动，吸引了大量游客前来游览和体验。同时，还举办了丰富多彩的文化交流活动，如艺术展览、音乐会等，让全球观众更加深入地了解了杭州的文化底蕴和艺术魅力。这些推广活动不仅提升了杭州的知名度和美誉度，还为其品牌形象注入了新的活力。

三、城市品牌形象资源的持续开发与利用

（一）深化与丰富城市品牌形象内涵

1．利用体育赛事展示城市新面貌

随着城市化的快速推进和科技的迅猛发展，城市的面貌和内涵都在不断发生变化。体育赛事作为一个全球性的展示平台，是展示城市新面貌的绝佳机会。通

过定期举办各类体育赛事，特别是具有国际影响力的赛事，城市可以吸引全球媒体和观众的关注，从而向世界展示其最新的发展成果和城市形象。作为一座历史悠久而又充满活力的城市，杭州在成功举办亚运会后，利用亚运会留下的先进场馆设施，继续举办其他类型的体育赛事，如国际马拉松赛、自行车赛等。这些赛事的举办不仅能够吸引国内外优秀的运动员和广大的体育爱好者前来参与，还能通过媒体的广泛报道，展示杭州在城市规划、基础设施建设、生态环境保护等方面的新成就。这样，杭州“生活品质之城”的品牌形象将得到进一步巩固和提升。

2．融合历史文化，打造特色体育赛事

通过融合城市的历史文化，打造具有地方特色的体育赛事，不仅可以丰富城市的文化生活，还能为城市品牌形象增添独特的文化魅力。杭州结合其丰富的历史文化资源，如西湖文化、龙井茶文化等，开发一系列具有杭州特色的体育赛事。比如，在西湖边举办划船比赛或者环湖跑步赛事，将体育赛事与西湖的美景完美结合，让参与者在运动的同时感受杭州的自然风光和人文气息。此外，结合龙井茶文化，举办采茶、制茶、品茶等一系列与茶文化相关的体育赛事或活动，让参与者在体验中深入了解杭州的茶文化。

3．创新体育赛事形式，吸引更多参与

随着科技的进步和人们生活方式的改变，传统的体育赛事形式也需要不断创新以适应新的需求。通过创新体育赛事形式，可以吸引更多的年轻人和家庭参与，从而进一步扩大城市品牌形象的影响力和覆盖面。杭州可以借鉴国内外成功的体育赛事创新案例，结合自身的实际情况和资源特点，开发出新颖有趣的体育赛事形式。例如，可以利用虚拟现实技术举办线上体育赛事，让无法亲临现场的观众也能身临其境地感受比赛的激情与魅力。或者举办以家庭为单位的亲子运动会、趣味接力赛等，鼓励家庭成员一起参与运动，享受运动的乐趣。这些创新的体育赛事形式不仅能够提升城市品牌的知名度和美誉度，还能促进城市居民的健康生活方式和社区凝聚力。

（二）构建多元化的城市品牌形象传播体系

1．利用体育赛事的直播与转播，展示城市形象

体育赛事的直播与转播是向全球观众展示城市形象的重要途径。通过高清的直播画面，观众不仅能够欣赏到精彩的比赛，还能领略到举办城市的美丽风光和独特文化。因此，城市应充分利用这一机会，与国内外知名的媒体机构合作，提高赛事的曝光度和影响力。在比赛过程中，穿插播放的城市风光宣传片和文化介绍短片，成功地吸引观众的注意，提升城市品牌的知名度（图4-5）。此外，通过与媒体机构的深度合作，还可以邀请知名主持人、解说员等来到城市，亲身体验并分享城市的魅力，从而进一步增强城市品牌的吸引力。

图4-5　杭州亚运会宣传片

2．结合传统媒体与线下活动，形成线上线下联动效应

虽然新媒体平台具有传播速度快、互动性强等优势，但传统媒体如电视、广播、报纸等仍具有广泛的受众基础。因此，城市在构建多元化的传播体系时，不应忽视传统媒体的作用。通过与传统媒体合作，发布时事新闻、专题报道等内容，可以进一步扩大城市品牌的知名度和影响力。同时，线下活动也是提升城市品牌形象的重要手段。例如，在城市的主要街道、公共场所等设置户外广告、宣传栏等，吸引行人的注意；结合城市的文化活动、节庆等举办相关的线下推广活动，让公众更加直观地感受到城市的魅力。此外，线上线下联动也是提升传播效果的关键。例如，在线上平台上发布线下活动的信息和预告，吸引用户参与；同时，在线下活动中设置与线上平台的互动环节，如扫码关注官方账号、参与线上投票等，从而形成一个良性的互动循环。

（三）推动城市品牌形象与产业发展的深度融合

1．利用体育赛事影响力，吸引投资与商业合作

体育赛事的影响力不仅仅局限于赛场之内，其经济效应和社会效应远远超出了这个范围。一场大型体育赛事的成功举办，往往能够吸引众多国内外媒体和观众的关注，从而为举办城市带来巨大的曝光度。这种曝光度，对于吸引外部投资和商业合作具有极大的帮助。城市应充分利用体育赛事的影响力，主动出击，寻求与国内外知名企业的合作机会。通过举办商务洽谈会、投资论坛等活动，邀请有意愿的企业来到城市，深入了解城市的投资环境和产业发展前景。同时，政府可以提供一系列优惠政策和配套服务，以吸引更多的企业落户。这些企业的入驻，不仅能为城市带来大量的资金和技术支持，还能促进相关产业链的完善和发展。随着投资和商业合作的增加，体育旅游、体育培训、体育用品等相关产业也将得到快速发展。这些产业的发展，将为城市创造更多的就业机会，提高居民的生活水平，同时也为城市经济的持续增长注入新的动力。

2．结合体育赛事，开发特色体育文化和旅游产品

通过结合体育赛事的特点和受众需求，城市可以开发出具有地方特色的体育文化和旅游产品，从而吸引更多的游客前来体验和消费。城市可以依托当地的自然景观和人文资源，设计出独具特色的体育旅游线路。这些线路可以包括登山、徒步、骑行等户外运动项目，让游客在参与运动的同时，欣赏到城市的美景和感受到当地的文化氛围。此外，还可以结合体育赛事举办体育文化节庆活动，如体育嘉年华、运动音乐节等，为游客提供丰富多彩的休闲娱乐选择。通过这些特色体育文化和旅游产品的开发，不仅可以丰富城市的旅游资源，提升城市的吸引力，还能为城市带来可观的旅游收入，进一步推动城市经济的发展。

3．加强产业融合，提升城市品牌的综合实力

在推动城市品牌形象与产业发展深度融合的过程中，加强产业之间的融合是关键。城市应鼓励体育赛事与相关产业之间的跨界合作，共同打造更加完善的产业链。例如，体育赛事可以与旅游业、餐饮业、住宿业等紧密结合，为游客提供一站式的服务体验。同时，还可以与媒体、广告等行业合作，扩大体育赛事的传播范围和影响力。通过加强产业融合，不仅可以提升城市品牌的综合实力和竞争力，还能为城市创造更多的经济价值和社会价值。这种深度融合的发展模式，将有助于城市在全球化竞争中脱颖而出，成为具有影响力和吸引力的国际化大都市。

第三节　城市品牌形象与市场建设

一、城市品牌形象构建与市场响应

（一）体育赛事与城市品牌形象的内在契合

体育赛事与城市品牌形象之间存在着深刻的内在联系。一场成功的体育赛事，不仅能够展示城市的硬件设施和组织能力，更能凸显城市的文化底蕴和精神风貌。例如，奥运会、世界杯等国际性体育赛事，往往能够成为全球瞩目的焦点，为举办城市带来前所未有的曝光度。这种曝光度不仅提升了城市的知名度，还强化了城市在全球舞台上的形象和地位。在构建城市品牌形象时，应充分挖掘体育赛事与城市文化、历史的契合点。通过体育赛事，可以将城市的独特魅力和特色文化传递给全球观众，从而塑造出鲜明、独特的城市品牌形象。同时，体育赛事的举办还能促进城市基础设施的完善和城市环境的优化，进一步提升城市的整体形象和品质。

（二）市场响应与城市品牌价值的提升

体育赛事作为现代社会重要的文化活动之一，其举办往往能在市场中激起强烈的反响。这种市场响应并不仅仅局限于短期的经济收益，如门票销售收入、广告赞助费用等，更深远地影响了城市的品牌价值。体育赛事的成功举办，为城市提供了一个展示自身魅力和实力的绝佳平台。在这一过程中，城市能够吸引国内外众多游客、投资者及人才的目光。他们的到来，不仅促进了城市经济的流动与增长，还为城市带来了多元化的文化和思想交流。这种交流进一步丰富了城市的文化底蕴，使得城市的品牌形象更加立体和生动。此外，体育赛事的举办还对相关产业产生了显著的拉动效应。这些产业的蓬勃发展，不仅为城市居民提供了更多的就业岗位，还为政府增加了税收来源，从而有力地推动了城市经济的全面升级。市场的积极反响进一步巩固和提升了城市的品牌形象，而强大的城市品牌又反过来吸引了更多的市场关注和资源投入，从而形成了一种良性的发展循环。这种循环不仅增强了城市的综合竞争力，还为城市的可持续发展注入了源源不断的动力。

（三）持续创新与城市品牌形象的长期发展

体育赛事虽然能为城市品牌形象带来短期的巨大提升，但要实现城市品牌形象的长期发展，还需要持续的创新和努力。这包括不断创新体育赛事的举办方式和内容，以吸引更多的观众和参与者；加强城市基础设施和公共服务体系的建设，以提升城市的整体品质和吸引力；深入挖掘和传承城市的文化特色和历史底蕴，以打造独具魅力的城市品牌形象。同时，城市还应积极利用新媒体和互联网技术，加强与全球各地的交流与合作，不断扩大城市的影响力和知名度。通过这些努力，城市可以构建一个积极、健康、向上的品牌形象，从而在全球竞争中占据有利的地位。

二、基于市场导向的城市品牌形象推广

（一）精准定位目标市场，制定差异化推广

在城市品牌形象推广过程中，首先要明确目标市场，即确定推广活动的受众群体。不同的受众群体有着不同的需求和偏好，因此，需要针对不同群体制定差异化的推广策略。例如，针对年轻人群体，可以通过举办时尚、动感的体育赛事，如极限运动、街头篮球等，吸引他们的关注；而对于家庭观众，则可以通过举办亲子运动会等活动，强调城市的家庭友好氛围。在定位目标市场的基础上，还需要进一步分析目标市场的消费习惯和媒体接触习惯，以便选择合适的推广渠道和方式。例如，对于年轻人群体，可以利用社交媒体平台进行推广，通过与网红、明星合作，或者开展线上互动活动等方式，提高城市品牌形象在年轻人中的知名度和美誉度。

（二）整合营销传播，多渠道推广城市品牌形象

基于市场导向的城市品牌形象推广需要整合多种营销传播手段，形成合力。体育赛事作为推广的核心内容，可以通过电视、网络直播等媒体渠道进行广泛传播。同时，还可以结合广告宣传、公关活动、内容营销等多种手段，共同打造城市品牌形象。在整合营销传播过程中，要注重各种传播手段的协同作用，确保信息的一致性和互补性。在广告宣传中可以突出体育赛事的亮点和特色，吸引观众

关注；在公关活动中可以邀请知名运动员或明星参与，提升活动的知名度和影响力；在内容营销中可以创作与体育赛事相关的有趣、有教育意义的内容，增强观众对城市品牌形象的认同感和归属感。

（三）评估推广效果，持续优化推广

市场推广是一个动态的过程，需要不断评估推广效果，并根据市场反馈及时调整推广策略。通过收集和分析观众反馈、媒体报道、社交媒体互动等数据，可以了解推广活动的实际效果和受众反应。根据评估结果，可以针对存在的问题和不足进行优化和改进。例如，如果发现某些推广渠道效果不佳，可以适当调整投放策略或更换其他渠道；如果观众对体育赛事的关注度不高，可以考虑增加互动环节或提高赛事的观赏性和趣味性。通过持续优化和改进推广，可以确保城市品牌形象推广活动更加精准、高效和有针对性。在具体实践中，城市管理者和市场营销人员需要紧密结合市场需求和受众特点，制定切实可行的推广计划并付诸实施。通过不断尝试和创新，我们可以期待更多城市借助体育赛事这一有力抓手，成功打造出独具特色的城市品牌形象。

三、城市品牌形象与市场建设的协同发展

（一）城市品牌形象提升市场吸引力

1. 体育赛事塑造城市活力形象，吸引游客

体育赛事作为城市活力的象征，能够为城市塑造一个充满活力、积极向上的形象。当城市成功举办大型体育赛事时，这一信息会迅速传播，吸引国内外游客的目光。游客们往往被赛事的热情氛围所吸引，愿意亲身来到城市体验这种独特的氛围。奥运会、世界杯等国际性体育赛事的举办城市，往往会在赛事期间迎来大量的游客。这些游客不仅为城市带来了直接的经济效益，还通过他们的口碑传播，进一步提升了城市的知名度和吸引力。因此，通过体育赛事塑造城市活力形象，是提升市场吸引力的重要途径之一。

2. 借助体育赛事展示城市投资环境

体育赛事的举办，不仅是对城市基础设施和管理水平的一次全面检验，更是向外界展示城市投资环境的大好机会。当城市能够成功举办大型体育赛事时，它

向潜在的投资者传递了一个明确的信号：这座城市具备优越的硬件设施、高效的政府管理和良好的社会治安。这些因素对于投资者而言至关重要。一个稳定、高效、安全的投资环境，能够大大降低投资风险，提高投资回报。因此，通过体育赛事展示城市的投资环境，能够吸引更多的投资者前来考察和洽谈合作项目，从而推动城市经济的快速发展。

3. 体育赛事彰显城市魅力，吸引人才

人才是城市发展的核心资源。一个具有魅力的城市，往往能够吸引更多的人才前来工作和生活。体育赛事作为城市文化的重要组成部分，能够充分彰显城市的独特魅力和文化氛围。

当城市举办体育赛事时，它会通过各种媒体渠道进行广泛宣传，向外界展示城市的美丽风光、丰富的文化底蕴和独特的生活方式。这些信息对于正在寻找工作和生活地点的人才而言，具有重要的参考价值。一个充满活力和魅力的城市，往往能够成为他们心目中的理想选择。此外，体育赛事的举办还能够为城市带来大量的就业机会和职业发展平台。这些机会和平台对于人才而言同样具有巨大的吸引力。

（二）市场建设推动城市品牌形象升级

1. 提升城市生活品质与居民认同感

繁荣的市场环境是城市经济发展的直观体现，它不仅为城市居民提供了丰富的商品和服务，更在无形中提升了居民的生活品质。当市场繁荣、商品丰富、服务周到时，居民在日常生活中能够感受到更多的便利和舒适，从而增强了对城市的归属感和认同感。这种归属感和认同感是城市居民对城市品牌形象产生积极评价的重要基础，进而推动城市整体形象的提升。市场的繁荣促进了商品和服务的多样化，满足了居民日益增长的物质和文化需求，提高了他们的生活质量。同时，居民在享受高品质生活的过程中，会更加认可和珍视所在城市的品牌价值，这种正面的情感体验有助于形成积极的城市品牌形象。

2. 市场建设中的创新元素展现城市活力与进取心

市场建设中的创新元素是城市品牌形象升级的关键驱动力。随着科技的快速发展和全球化的深入推进，市场竞争日益激烈，创新成为城市发展的核心竞争力。在市场建设中融入创新元素，不仅能够推动经济的持续增长，还能够展现城市的活力和进取心。一些城市通过建设高科技产业园区、创新创业基地等创新平台，吸引了大量的创新企业和人才聚集。这些创新力量的汇聚，不仅推动了城市产业结构的优化升级，还为城市品牌形象注入了新的活力。当外界看到这些创新成果时，会自然而然地将城市与创新、活力等正面形象联系在一起，从而提升城市的品牌形象。

3．现代化市场设施彰显城市形象与科技实力

现代化市场设施是市场建设的重要组成部分，也是城市品牌形象的重要载体。随着科技的进步和城市化进程的加速，现代化市场设施在提升市场交易效率、优化消费体验等方面发挥着越来越重要的作用。同时，这些设施也成为展示城市形象和科技实力的重要窗口。现代化市场设施如智能支付系统、电子商务平台等，不仅提高了市场交易的便捷性和安全性，还展现了城市在科技应用和创新发展方面的实力。当外界看到这些先进的设施时，会对城市的科技水平和现代化程度产生深刻的印象，从而进一步提升城市的品牌形象。

（三）协同发展实现城市与市场共赢

1．城市品牌形象与市场建设的相互支撑

城市品牌形象与市场建设是相互支撑、相互促进的关系。一方面，良好的城市品牌形象是城市发展的无形资产，能够吸引更多的资源和要素投入市场建设。一个具有独特魅力和良好声誉的城市，往往能够吸引更多的投资者、企业和人才前来发展，为市场建设提供源源不断的动力和支持。另一方面，繁荣的市场又是展示和提升城市品牌形象的重要平台。一个充满活力和创新的市场，能够充分展现城市的经济发展实力和商业氛围，进一步提升城市的知名度和美誉度。

2．企业和社会各界的共同努力

要实现城市品牌形象与市场建设的协同发展，需要企业和社会各界的共同努力。发挥主导作用，制定科学合理的城市规划和市场发展战略，为二者的协同发展提供政策支持和引导。加强市场监管，维护市场秩序，为市场建设创造良好的法治环境。企业应积极参与市场建设，通过创新和技术进步推动产业升级和市场繁荣。企业应注重品牌建设，提升产品和服务质量，为城市品牌形象的提升贡献力量。社会各界也应加强对城市品牌形象的宣传和推广。媒体、文化机构等应积极传播城市文化，提升城市的知名度和影响力。同时，公众也应积极参与城市品

牌形象的塑造和传播，通过口碑传播等方式推广城市的良好形象。

3．注重可持续性和长期效益

在协同发展的过程中，还应注重可持续性和长期效益。城市品牌形象和市场建设都是长期的过程，需要持续投入和努力。为了实现可持续发展，必须注重生态环境的保护和资源的合理利用，避免过度开发和资源浪费。同时，还应加强城市基础设施建设和管理水平提升，提高城市的综合承载能力和服务质量。通过这些措施的实施，可以推动城市品牌形象与市场建设的持续协同发展，为城市的长期繁荣与进步奠定坚实基础。此外，为了提升长期效益，还应加强与国际接轨，引入国际先进理念和技术手段来推动市场建设和城市品牌形象的升级。通过加强与国际市场的联系和合作，可以拓展城市的发展空间和影响力，进一步提升城市的国际竞争力。

第四节　城市品牌实践问题的理论分析

一、城市品牌与体育赛事的融合实践

（一）城市品牌与体育赛事的契合点挖掘

城市品牌与体育赛事的融合，首先需要找到两者的契合点。要求对城市的历史文化、地理特色、经济发展等方面进行深入分析，同时了解体育赛事的特点和目标受众。通过挖掘城市与体育赛事之间的共同元素，可以将体育赛事巧妙地融入城市品牌建设中，从而实现两者的有机结合。如果城市拥有独特的自然景观或历史文化遗产，可以选择与其相关的户外体育赛事或文化体育活动，将城市的特色与体育赛事紧密结合，提升城市品牌的独特性和吸引力。此外，还可以根据城市的经济发展战略和产业特点，选择能够推动相关产业发展的体育赛事，通过体育赛事的举办促进城市经济的增长和产业升级。

（二）融合策略的制定与实施

在找到契合点后，接下来需要制定具体的融合策略，包括确定体育赛事的类

型、规模、举办时间等，以及如何将体育赛事与城市品牌元素相结合，实现最佳的宣传效果。需要根据城市的实际情况和目标受众的需求，选择合适的体育赛事类型。对于年轻、有活力的城市，可以选择篮球、足球等热门项目的赛事；对于历史悠久、文化底蕴深厚的城市，则可以选择传统体育项目或文化体育活动的赛事。需要确定赛事的规模和举办时间，以确保赛事的影响力和参与度。需要将体育赛事与城市品牌元素紧密结合，通过赛事标识、宣传口号、场地布置等方式，展现城市的特色和魅力。在实施融合策略时，需要注重细节和创新。可以邀请城市代表人物或知名运动员担任赛事嘉宾，增加赛事的吸引力和关注度。同时，还可以借助新媒体和社交媒体的力量，扩大赛事的传播范围和影响力。通过与网民的互动和交流，我们可以及时了解公众的需求和反馈，不断完善和调整融合策略。

（三）融合效果的评估与优化

在城市品牌与体育赛事的融合实践中，需要对融合效果进行定期评估和优化。这包括分析赛事的参与度、影响力、媒体报道等指标，以及调查公众对城市品牌的认知度和满意度。通过评估结果了解融合策略的有效性和存在的问题。针对存在的问题和不足，需要及时调整和优化，以确保城市品牌与体育赛事的融合能够持续发挥积极作用。同时，我们还需要总结经验教训，不断完善和提升城市品牌与体育赛事的融合水平。实现城市品牌与体育赛事的有机结合，推动城市的可持续发展和品牌建设。

二、城市经营与城市营销、城市形象与城市品牌辨析

（一）城市经营与城市营销：各成体系，相辅相成

1. 城市经营与城市营销的概念辨析

城市经营是对城市资源进行经营管理的过程。它侧重于通过经济学的理论和方法，对城市土地资源、交通环境、基础设施建设以及能源等方面进行合理规划和优化配置。这一过程主要目的是提高城市资源的利用效率，促进城市经济的稳定增长，从而实现城市的可持续发展。城市经营更注重内部资源的整合与利用，强调的是“效益最大化”。

城市营销则是一种更外向型的策略。借鉴市场营销的理念和手法，将城市视为一个“产品”，通过塑造和提升城市形象，增强城市的吸引力和竞争力。城市营销的主体不仅限于政府，还包括企业、公众等多元主体。它关注的是如何通过有效的传播和推广，使城市在激烈的全球竞争中脱颖而出，吸引更多的投资、人才和游客。

2．城市经营与城市营销在体育赛事中的角色

体育赛事作为城市发展的重要驱动力，既需要城市经营提供坚实的物质基础，也需要城市营销来扩大其影响力和吸引力。具体来说，城市经营可以为体育赛事提供优质的场地设施、便捷的交通网络和完善的配套服务，确保赛事的顺利进行；而城市营销则可以通过宣传和推广，吸引更多的观众和参与者，提升赛事的知名度和影响力。以某大型国际体育赛事为例，在政府主导下，通过城市经营对赛事所需的场地、交通、住宿等基础设施进行了全面规划和建设。同时，通过城市营销策略，利用广告、媒体宣传等手段，成功吸引了全球范围内的关注和参与。这不仅提升了赛事的商业价值，也为城市品牌的打造提供了有力支持。

3．城市经营与城市营销在城市品牌建设中的协同作用

城市品牌建设是一个长期而复杂的过程，需要城市经营与城市营销的共同努力。一方面，通过城市经营优化城市内部资源，提升城市的整体实力和服务水平；另一方面，通过城市营销塑造和传播城市的独特形象，增强城市的外部吸引力。在体育赛事与城市品牌建设的研究中，我们可以看到这两者是如何相互促进的。体育赛事的成功举办不仅依赖于城市经营的物质基础，更需要城市营销的策略支持。同时，体育赛事也为城市品牌建设提供了难得的机遇和平台。通过精心策划和执行的体育赛事，可以迅速提升城市的知名度和美誉度，进而推动城市品牌的形成和发展。因此，二者之间存在明显的区别，也形成了不同的体系（表4-1）。

表4-1　城市经营与城市营销概念比较

指标维度	城市经营	城市营销
理论背景	城市经济学、城市规划学、城市管理学等	市场营销学
意义目标	城市的可持续发展	推广城市，赢得竞争

续表

指标维度	城市经营	城市营销
运作方法	城市管理与规划，资源配置	将城市视为产品或企业一样营销
操作对象	城市内部资源	城市外部形象
执行主体	政府	企业、群众等多元主体

（二）城市形象与城市品牌：被动认知与主动创制

1．城市形象的被动认知与构建基础

城市形象是公众对城市的一种被动认知，它源于城市的各种客观存在和主观感受的交织。城市的建筑风格、历史文化、自然环境、社会秩序等都是构成城市形象的重要元素。这些元素在日积月累中逐渐形成了公众对城市的整体印象。例如，巴黎的浪漫、纽约的繁华、东京的现代化等，都是这些城市在公众心目中的独特形象。城市形象的构建是一个长期而复杂的过程，它需要城市管理者和市民的共同努力。城市管理者需要通过规划、建设和管理来打造宜居、美观、有序的城市环境，而市民则需要通过自身的行为举止来展现城市的文明和活力。只有当这两者相互配合，才能塑造出积极、正面的城市形象。

2．城市品牌的主动创制与传播策略

与城市形象的被动认知不同，城市品牌是城市管理者主动创制和推广的。城市品牌不仅仅是一个标志或口号，更是一种战略性的营销工具，旨在提升城市的知名度和吸引力。通过精心设计的品牌形象和宣传策略，城市可以在全球范围内脱颖而出，吸引更多的投资、人才和游客。在创建城市品牌时，需要深入挖掘城市的独特资源和核心价值，找到与众不同的品牌定位。有些城市可能以历史文化为品牌核心，有些则可能以自然风光或科技创新为特色。确定了品牌定位后，就需要通过各种渠道和媒体进行广泛宣传，使品牌形象深入人心。

3．城市形象与城市品牌的互动关系与发展

城市形象和城市品牌虽然有所不同，但它们之间存在着紧密的互动关系。良好的城市形象为城市品牌的创建提供了坚实的基础，而成功的城市品牌又可以进一步提升城市形象。这两者相辅相成，共同推动着城市的发展。为了充分发挥城市形象和城市品牌的作用，需要制定相应的发展策略。首先，要加强城市规划和

管理，提升城市的整体环境和品质，为塑造良好的城市形象打下基础。其次，要深入挖掘城市的特色和优势，明确城市品牌的定位和传播策略。最后，要加强与公众的沟通和互动，了解公众对城市形象和品牌的认知和期望，以便及时调整和完善相关策略。在城市发展过程中，体育赛事往往可以成为塑造和提升城市形象与品牌的重要抓手。通过举办大型体育赛事，可以吸引全球范围内的关注和参与，从而提升城市的知名度和影响力。同时，体育赛事还可以促进城市基础设施的建设和完善，提高城市的服务水平和综合竞争力。因此，将体育赛事与城市形象和城市品牌的建设相结合，是一种行之有效的发展策略。

三、构建协调发展的城市经营、营销、形象与品牌体系

（一）以城市经营为基础，全面提升城市资源配置效率

1．提高城市资源配置的效率

城市资源的合理配置是城市经营的核心内容之一。城市中的每一种资源，无论是土地资源、水资源还是交通资源，都是有限的。如何确保这些资源得到最优利用，减少浪费，是每一个城市管理者必须深思的问题。随着城市化进程的加速，土地资源的稀缺性愈发凸显。因此，科学合理的土地规划和利用显得尤为重要。通过明确土地功能分区，优化土地利用结构，我们不仅可以满足城市发展的需求，还可以有效保护生态环境，实现经济效益与生态效益的双赢。随着全球气候变化的加剧，水资源的合理开发和保护变得尤为重要。城市应建立起完善的水资源管理体系，通过雨水收集、污水处理再利用等方式，提高水资源的利用效率，确保城市的可持续发展。交通资源的合理配置也是城市经营中的重要一环。随着城市交通拥堵问题的日益严重，如何优化交通布局、提高交通效率成为当务之急。通过发展公共交通、鼓励绿色出行等方式，我们可以有效缓解城市交通压力，提升城市运行效率。

2．优化公共服务体系

公共服务体系是城市发展的软实力，也是衡量一个城市发展水平的重要标志。优化公共服务体系，不仅可以提升市民的生活质量，还能进一步吸引人才和投资，推动城市的持续繁荣。在教育方面，城市应加大对教育的投入，提高教育质量，确保每一个孩子都能享受到优质的教育资源。通过引进优秀的教育资源、完善

教育设施等方式，可以为城市的未来发展培养更多的人才。通过加强基层医疗设施建设、推广家庭医生制度等措施，我们可以让市民享受到更加便捷、高效的医疗服务。此外，文化服务也是公共服务体系中的重要组成部分。城市应加大对文化产业的扶持力度，推动文化创意产业的发展。通过举办各类文化活动、建设文化设施等方式，我们可以丰富市民的精神文化生活，提升城市的整体文化氛围。

3．改善城市环境

城市环境是城市形象的重要组成部分，也是城市吸引力的重要因素。通过改善城市环境，可以为市民和游客提供一个更加舒适、健康的生活和旅游环境。城市应加大对污染源的治理力度，减少污染物的排放。同时，推广绿色能源、鼓励低碳出行等方式也是保护环境的有效措施。通过增加绿地面积、种植更多树木等方式，可以改善城市的生态环境质量，提高市民的生活质量。城市应建立起完善的垃圾处理体系，确保垃圾得到及时有效地处理。同时，加强对市民的环保教育也是必不可少的措施之一。通过提高资源配置效率、优化公共服务体系和改善城市环境等措施的实施，我们可以为城市的发展奠定坚实的基础，推动城市的持续繁荣与进步。

（二）以城市营销为手段，增强城市的市场影响力

城市营销是提升城市知名度和吸引力的重要手段。通过有效的营销活动，可以将城市的特色、优势和潜力展示给更广泛的目标受众，从而吸引更多的投资、人才和游客。在城市营销过程中，要充分利用现代传播手段，如社交媒体、网络营销等，提高营销活动的覆盖面和影响力。同时，要注重营销内容的创新和质量，通过讲述城市故事、展示城市文化等方式，增强目标受众对城市的认知和好感。此外，城市营销还应与旅游、文化、商务等部门紧密合作，共同打造具有吸引力的城市形象和产品。通过举办各类节庆活动、文化展览、商务论坛等，提升城市的文化品位和国际影响力。

（三）以城市形象和品牌为核心，塑造独特的城市魅力

1．明确城市定位，打造独特品牌形象

塑造城市形象和品牌的首要任务是明确城市的定位。每个城市都有其独特的自然资源、历史文化、产业特色等，这些因素共同构成了城市的“DNA”。因

此，城市需要深入挖掘自身的特色和优势，确定一个清晰、准确的定位。巴黎被誉为“浪漫之都”，这一定位准确地捕捉到了巴黎独特的城市气质，使其在全球范围内具有极高的辨识度。在明确城市定位的基础上，接下来要做的就是打造独特的品牌形象。品牌形象是城市价值观和个性的外在表现，它应该能够准确地传达城市的核心理念和特色。通过设计独特的城市标志、宣传口号等视觉和语言元素，可以让城市品牌更加生动和具体。例如，纽约的“I Love NY”标志，简洁而富有创意，成为纽约城市品牌的重要组成部分。

2．多渠道宣传，传递城市魅力

塑造城市形象和品牌，需要借助多种渠道进行宣传和推广。媒体宣传是最直接、最有效的手段之一。通过电视、广播、报纸、网络等媒体平台，可以将城市的形象和品牌传递给更广泛的人群。此外，公关活动也是提升城市品牌知名度的重要途径。举办各类文化节庆、体育赛事、经贸活动等，不仅能够吸引国内外媒体和游客的关注，还能为城市发展注入新的活力。除了传统的宣传方式外，还可以借助新媒体和社交平台来扩大城市品牌的影响力。通过微博、微信、抖音等社交平台，可以发布城市的相关资讯、活动信息，与网友进行互动，从而增强城市品牌的亲和力和感染力。此外，邀请知名人士担任城市形象大使，也是提升城市品牌知名度的有效方法。他们的影响力可以帮助城市更好地传递其独特魅力。

3．持续优化品牌，保持城市活力

城市品牌并非一成不变，它需要随着城市的发展和环境的变化而不断调整和优化。为了保持城市品牌的活力和吸引力，需要定期评估品牌效果，收集市民和游客的反馈意见，及时发现问题并加以改进。可以通过问卷调查、网络投票等方式，了解公众对城市品牌的认知度和满意度，从而有针对性地完善品牌形象和传播。同时，城市品牌的塑造是一个长期的过程，需要政府、企业和社会各界的共同努力。政府应发挥主导作用，制定科学的城市规划和发展战略，为城市品牌的塑造提供有力的政策支持和资源保障。企业应积极参与城市品牌的建设和推广，通过自身的产品和服务来传递城市的价值观和特色。社会各界也应广泛参与，共同营造积极向上的城市氛围，为城市品牌的塑造贡献力量。

第五节 对城市品牌实践的创新

一、城市品牌战略是以城市发展战略为基础的辅助战略

（一）体育赛事对城市品牌建设的推动作用

1．提升城市国际曝光度

体育赛事的举办，特别是那些备受瞩目的国际大赛，为城市提供了一个全球性的展示舞台。当世界各地的媒体纷纷将镜头对准赛事时，举办城市的名字和形象也随之进入了全球观众的视野。这种高度的曝光不仅让城市在国际上崭露头角，更有助于塑造和提升城市的国际形象。在这个过程中，城市可以通过精心策划和宣传推广，将自己的文化特色、历史底蕴、自然风光等独特魅力展示给全世界。这种展示不仅增强了城市在全球范围内的知名度和美誉度，更为城市吸引了无数的目光和关注，为城市的品牌建设奠定了坚实的基础。

2．推动城市基础设施建设和服务水平提升

体育赛事的举办对城市的基础设施建设和服务水平提出了更高的要求。为了迎接这一盛事，城市必须进行大规模的基础设施建设和改造，包括体育场馆、交通设施、酒店住宿等硬件设施的完善。这些建设不仅提升了城市的硬件水平，更为城市的长期发展注入了新的活力。同时，为了提高赛事期间的服务质量，城市还会在软件服务方面进行全面的培训和管理。从接待人员的专业素养到城市环境的整洁美观，每一个细节都彰显着城市对服务品质的追求。这种追求不仅让参赛者和观众在赛事期间享受到优质的服务，更在无形中提升了城市的整体形象和接待能力。

3．带来经济效益和社会效益的双重提升

体育赛事的举办不仅为城市带来了显著的经济效益，还为社会效益的提升做出了重要贡献。赛事期间，大量的观众和游客涌入城市，他们的到来直接拉动了旅游、餐饮、住宿等多个行业的快速发展。这不仅为城市带来了可观的经济收益，更为相关产业的发展注入了新的动力。除了经济效益外，体育赛事的成功举办还能极大提升市民的归属感和自豪感。当市民看到自己的城市能够举办如此盛大的国际赛事时，他们的心中自然会涌起一股对城市的热爱和自豪。这种情感不

仅增强了市民之间的凝聚力和向心力，更为城市的社会和谐发展奠定了坚实的基础。此外，体育赛事还能为城市吸引更多的投资和商业机会。随着城市知名度的提升和基础设施的完善，越来越多的企业和投资者开始关注并投资于这座城市。这种投资不仅为城市带来了更多的发展机遇和资源支持，更为城市的长期繁荣和发展注入了源源不断的动力。

（二）城市品牌战略在体育赛事中的实施路径

1. 明确品牌定位，凸显城市核心价值

在体育赛事的筹备阶段，城市的首要任务是明确自身的品牌定位。品牌定位是城市品牌战略的核心，它决定了城市在公众心目中的形象和地位。为了确立准确的品牌定位，城市需要深入挖掘自身的历史文化底蕴、地理特色、经济发展优势等多元要素，从而提炼出能够代表城市精神和个性的核心价值。这一核心价值应贯穿体育赛事的始终，成为赛事宣传和推广的基石。明确品牌定位后，城市需围绕这一定位进行赛事的策划和组织。例如，若城市定位为历史文化名城，则可在赛事中融入传统文化元素，打造具有历史韵味的开幕式和闭幕式；若定位为现代化大都市，则可借助高科技手段，打造科技感十足的赛事体验。通过品牌定位的精准把握，城市能够在体育赛事中凸显自身特色，形成独特的品牌印记。

2. 整合城市资源，打造特色品牌活动

体育赛事作为城市品牌战略的重要载体，为城市提供了展示自身特色的绝佳机会。在赛事筹办过程中，城市应充分利用自身的资源优势，结合赛事主题，打造一系列具有地方特色的品牌活动。这些活动旨在丰富赛事内容，吸引更多观众和参与者，同时展示城市的独特魅力。城市可根据自身的地理、文化和经济特点，设计独具特色的赛事活动。例如，在山水优美的城市，可结合户外运动项目，举办山地自行车赛、户外徒步挑战等活动；在文化底蕴深厚的城市，则可举办传统文化展览、民间艺术表演等文化活动。通过这些特色品牌活动的打造，城市能够在体育赛事中脱颖而出，形成独特的城市品牌印象。

3. 强化宣传推广，提升城市品牌知名度

宣传推广是城市品牌战略实施的关键环节。在体育赛事举办前后，城市应充分利用各种媒体渠道进行全方位的宣传推广。通过电视、广播、报纸等传统媒体与网络、社交媒体等新兴媒体的有机结合，形成强大的宣传攻势。在宣传推广过程中，城市应注重内容的创意性和形式的多样性。例如，可制作精美的赛事宣传片，展示城市的美丽风光和独特文化；利用社交媒体平台开展互动营销活动，吸引粉丝关注和参与；与知名媒体合作，进行赛事直播和报道等。通过这些宣传推广手段，城市能够有效提升品牌知名度，吸引更多国内外游客和投资者。此外，城市还应注重口碑营销的力量。通过提供优质的服务和体验，让参与赛事的人员成为城市的“自来水”，口碑传播城市的品牌形象。例如，为参赛选手和观众提供便捷的交通、舒适的住宿、美味的餐饮等服务，让他们感受到城市的热情和专业。

二、城市规划与城市品牌战略相辅相成

（一）城市规划为体育赛事提供物质基础

1. 城市规划确保体育设施建设符合国际标准

城市规划的首要任务之一是根据城市发展的需要，合理配置土地资源，确定各类设施的建设位置和规模。在体育赛事的举办中，符合国际标准的体育场馆是不可或缺的硬件设施。通过城市规划的科学引导，城市能够依据国际体育赛事的要求，精确选址并规划建设高标准的体育场馆。这不仅涉及场馆的建筑设计和功能布局，还包括周边配套设施的完善，如停车场、新闻发布中心、运动员训练和休息区等。城市规划在这一过程中发挥着统领全局的作用，确保每一个细节都符合国际赛事的规范，从而为赛事的成功举办提供有力的硬件支撑。

2. 城市规划优化城市交通与住宿等基础设施

体育赛事的举办往往会吸引大量的观众和媒体前来，这对城市的交通、住宿等基础设施提出了极高的要求。城市规划在此扮演着至关重要的角色，它通过综合考虑城市交通网络的现状和未来发展需求，制定出合理的交通规划方案。这包括增设公共交通线路、优化交通节点设计、提升道路通行能力等，以确保赛事期间观众和参赛人员能够高效、便捷地抵达赛事现场。同时，城市规划还关注住宿设施的建设和布局，通过规划合理的酒店和住宿区域，满足赛事期间激增的住宿需求。这些举措共同构成了城市规划对体育赛事物质基础的全面支持。

3．城市规划注重绿色生态与人居环境建设

随着全球对可持续发展和绿色生态理念的日益重视，城市规划在为体育赛事提供物质基础时，也更加注重绿色生态的建设。这不仅体现在体育场馆和周边设施的设计上，如采用环保材料、节能技术等，还贯穿于整个城市的绿色发展规划中。通过增加城市绿化面积、优化城市水系、提升空气质量等措施，城市规划致力于打造一个和谐、健康的城市环境。这样的环境不仅能为体育赛事的参与者提供舒适的体验，也有助于提升城市的整体形象和吸引力。同时，绿色生态的建设还符合当前全球环境保护的趋势，展示了城市对于可持续发展的承诺和努力。

（二）城市品牌战略引领体育赛事特色

1．城市品牌战略塑造体育赛事的文化特色

每个城市都有其独特的历史积淀、文化传统和地域特色，这些元素共同构成了城市的文化底蕴。城市品牌战略通过深入挖掘和提炼这些文化资源，为体育赛事注入独特的文化内涵。例如，在策划体育赛事时，可以结合城市的历史传统，设计具有地方特色的比赛项目或活动，让观众在观赏比赛的同时，也能感受到城市文化的魅力。此外，城市品牌战略还注重将体育赛事与城市的文化节庆、艺术展览等活动相结合，共同打造具有鲜明文化特色的城市名片。通过城市品牌战略对文化特色的强调和挖掘，体育赛事不再仅仅是一场竞技的盛会，更成为一次文化的交流和展示。这样的结合不仅丰富了体育赛事的内涵，也提升了城市的知名度和美誉度，使城市在激烈的竞争中脱颖而出。

2．城市品牌战略打造体育赛事的旅游特色

城市品牌战略还充分利用城市的地理风貌和自然景观，为体育赛事增添独特的旅游元素。通过将体育赛事与城市的自然景观、名胜古迹等相结合，打造具有旅游特色的体育赛事。例如，在山水优美的城市举办户外挑战赛或自行车赛，不仅能展示城市的自然风光，还能吸引众多游客前来观赛和旅游。这样的结合既提升了体育赛事的观赏性和吸引力，也促进了城市旅游业的发展。此外，城市品牌战略还注重开发体育赛事相关的旅游产品，如赛事主题旅游线路、纪念品等，以满足游客的多样化需求。这些举措不仅增强了体育赛事的商业价值，也为城市带来了更多的经济收益。

3．城市品牌战略突出体育赛事的创新特色

在科技日新月异的今天，城市品牌战略也紧跟时代潮流，注重将科技创新元素融入体育赛事中。通过引进先进的科技手段和设备，提升体育赛事的科技含量和观赏性。例如，利用虚拟现实技术为观众提供沉浸式的观赛体验，或者运用大数据分析技术为比赛提供更加精准的数据支持。这些科技创新不仅提升了体育赛事的专业性和趣味性，也展示了城市在科技创新方面的实力和成果。同时，城市品牌战略还鼓励和支持体育赛事在组织形式、比赛规则等方面进行创新和尝试。通过打造具有创新特色的体育赛事，吸引更多的关注和参与，推动城市体育产业的发展和升级。

（三）城市规划与品牌战略共同推动城市可持续发展

1．城市规划为城市可持续发展奠定基础

城市规划是城市发展的蓝图，它通过科学合理的空间布局和功能分区，为城市的长期发展奠定基础。在城市规划过程中，需要充分考虑城市的自然环境、历史文化、社会经济等多方面因素，确保城市的各项功能得到高效、协调地发展。体育赛事的举办往往对城市的基础设施和空间布局提出更高的要求。通过城市规划，可以针对体育赛事的特点和需求，对城市的基础设施进行升级和改造，优化城市空间布局，提高城市的接待能力和服务质量。同时，城市规划还可以借助体育赛事的契机，推动城市的绿色发展、智能交通、垃圾分类等现代化城市管理理念的实施，为城市的可持续发展注入新的动力。

2．城市品牌战略塑造城市独特魅力

城市品牌战略是通过塑造独特的城市形象和品牌，提升城市的知名度和美誉度，从而吸引更多的人才、投资和游客。在体育赛事期间，城市品牌战略可以充分利用赛事的影响力，展示城市的独特魅力和文化底蕴，增强城市的吸引力。通过精心策划的城市品牌推广活动，可以让更多的人了解和认识城市的文化、历史和特色，进而产生对城市的好感和认同。这种好感和认同不仅有助于提升城市的软实力，还可以转化为实际的经济效益和社会效益，推动城市的可持续发展。

3．城市规划与品牌战略相互促进

城市规划和品牌战略在城市发展过程中是相互依存、相互促进的关系。城市

规划为品牌战略提供了物质基础和发展空间，而品牌战略则为城市规划提供了价值引领和市场动力。在体育赛事的举办过程中，这种相互促进的关系体现得尤为明显。一方面，城市规划可以针对体育赛事的需求和特点进行优化调整，为赛事的成功举办提供有力保障；另一方面，品牌战略可以利用体育赛事的影响力推广城市形象和文化特色，吸引更多的关注和资源投入。为了实现城市规划与品牌战略的良性互动和协调发展，需要建立完善的沟通协作机制。企业和社会各界应共同参与城市规划和品牌战略的制定与实施过程，确保各项措施得到有效落实。同时，还应加强与国际社会的交流与合作，借鉴先进经验和技术手段推动城市的可持续发展。

三、城市资源的优化配置

（一）体育赛事资源的整合与优化

在城市举办体育赛事时，资源的整合与优化显得尤为重要。体育赛事的成功举办需要大量的场地资源、人力资源和物力资源。通过对这些资源的合理配置，可以确保赛事的顺利进行，并最大化地发挥资源的效用。通过科学规划体育场馆的建设和运营，可以提高场馆的利用率，避免资源的浪费。同时，合理调配人力资源，确保赛事的各个环节都有专业的人员负责，从而提升赛事的专业性和观赏性。体育赛事资源的优化还体现在对赛事相关产业的带动上。一场大型的体育赛事往往能够吸引大量的观众和游客，这就为城市的旅游、餐饮、住宿等行业带来了巨大的商机。通过优化资源配置，推动这些行业的发展，不仅可以增加城市的经济收入，还能够进一步提升城市品牌的知名度和影响力。

（二）城市基础设施资源的完善与提升

1．交通资源的优化与提升

体育赛事期间，大量的人流和车流汇聚于城市，给城市交通带来了巨大的挑战。为了确保赛事期间的交通顺畅，必须对交通资源进行全面的优化。加强公共交通的建设，增加公交线路和频次，提高公共交通的运载能力。同时，推广智能交通系统，利用大数据和人工智能技术优化交通信号灯控制系统，实现交通流的合理分配，减少拥堵现象。此外，针对赛事期间可能出现的特殊交通需求，如观众接送、运动员转场等，应提前规划并增设临时停车位和专线，确保各项活动的顺利进行。

2．住宿与餐饮资源的扩充与提质

体育赛事的举办往往会吸引大量外地观众和游客，因此，城市的住宿和餐饮资源必须得到充足的保障。一方面，要通过引导和市场机制，鼓励和支持酒店、旅馆等住宿设施的扩建和改造，提高住宿接待能力。另一方面，要加强对餐饮行业的监管和指导，推动餐饮服务的标准化和规范化，提升餐饮质量和服务水平。同时，结合城市特色和体育赛事主题，推出系列特色美食和文化活动，丰富游客的餐饮体验，展现城市的独特魅力。

3．其他基础设施的完善与创新

城市还需要在其他方面进行完善和创新。例如，加强体育场馆和周边设施的建设和维护，确保赛事的顺利进行；提升城市绿化和环卫水平，营造整洁美观的城市环境；推动信息化建设，提供便捷的网络服务和智能导览等。这些举措不仅能够满足体育赛事的需求，还能够提升城市的整体形象和居住品质。在城市基础设施资源的完善与提升过程中，政府应发挥主导作用，制定科学合理的规划方案，明确建设目标和时间节点。同时，要加强与社会各界的合作与交流，共同推动城市基础设施的全面进步。通过这些努力，不仅可以确保体育赛事的成功举办，还能够为城市的长期发展奠定坚实的基础。此外，城市基础设施的完善与提升还需要注重可持续性和人文关怀。在建设过程中，应充分考虑环境保护和资源节约的要求，推动绿色建筑和低碳交通等理念的实施。同时，要关注居民的实际需求和生活质量，确保基础设施的建设能够真正惠及广大市民。

（三）文化资源与体育赛事的深度融合

1．挖掘与整合城市文化资源

每个城市都有其独特的历史沉淀和文化底蕴，这些文化资源是城市的宝贵财富。要实现文化资源与体育赛事的深度融合，首先需要对这些文化资源进行深入的挖掘和整理。这包括对城市的历史、民俗、艺术、手工艺等各方面的文化资源进行系统的梳理和研究，找出其中能够与体育赛事相结合的元素。对于历史悠久的城市，可以挖掘其古代体育文化，如传统的武术、摔跤等活动，将这些元素融入体育赛事中，打造具有历史韵味的体育赛事。同时，也可以将城市的特色手工艺、民间艺术等文化元素与体育赛事相结合，创造出独具特色的赛事纪念品、开幕式表演等。

2．创新体育赛事文化活动形式

在挖掘和整合城市文化资源的基础上，需要进一步创新体育赛事文化活动的形式，实现文化资源与体育赛事的有机结合。这可以通过在赛事期间举办相关的文化展览、艺术表演、文化论坛等活动来实现。在赛事场馆内或附近设立文化展览区，展示城市的历史文化、民间艺术等，让观众在观赏赛事的同时，也能感受到城市的文化氛围。此外，还可以邀请当地的艺术家在赛事期间进行表演，展示城市的艺术魅力。这些创新的活动形式不仅能够丰富体育赛事的文化内涵，还能够吸引更多的观众参与，提升赛事的影响力。

3．借助体育赛事推广城市文化

体育赛事作为一个全球性的平台，具有极高的关注度和影响力。通过体育赛事来推广城市文化，可以迅速提升城市的知名度和美誉度。在文化资源与体育赛事深度融合的过程中，应充分利用体育赛事的这一优势，将城市的文化特色展示给全世界的观众。同时，也可以邀请国内外的媒体来报道赛事，并借此机会宣传城市的文化和旅游资源。通过这些方式，可以让更多的人了解和认识城市的文化特色，从而吸引更多的游客和投资者。促进城市文化产业的快速发展，为城市品牌建设注入新的活力。同时，也有助于增强公众对城市文化的认同感和归属感，推动城市的可持续发展。

四、多元主体的利益均衡及公共利益的最大化

（一）城市品牌建设中的多元利益主体

1．城市品牌建设的引领者与规划者

作为公共利益的代表和城市管理者，需要制定和执行相关政策，以引导和推动城市品牌的发展，也需要制定长远的城市品牌建设规划，明确城市定位、发展目标和实施路径。这包括对城市历史、文化、自然资源等特色的挖掘与利用，以及对未来城市形象的构想与塑造。通过科学、合理的规划，政府能够为城市品牌建设提供有力的指导和支持：整合和优化城市资源，包括自然资源、文化资源、人力资源等，以提升城市的综合竞争力和品牌形象；合理配置公共资源，确保城

市基础设施和公共服务的完善与提升，为居民和企业创造良好的生活和发展环境；引导和激励企业、社会组织和个人参与到城市品牌建设中来；加强对城市品牌建设的监管，确保各项工作的有序推进和有效实施。

2．城市品牌建设的参与者与推动者

作为市场经济的主体，企业不仅为城市经济发展提供动力，还通过自身的品牌形象和影响力，为城市品牌建设贡献力量。企业通过生产经营活动为城市创造经济价值，提供就业机会，增加政府税收。这些经济收益为城市品牌建设提供了物质基础和支持。同时，企业的创新能力和市场竞争力也是衡量城市经济发展水平的重要指标之一。企业通过打造自身品牌形象，提升产品和服务质量，增强消费者对城市的认知和信任感。一些知名企业甚至成为城市的代名词，吸引着全球消费者的目光。此外，企业还通过广告宣传、市场推广等方式，将城市品牌传播到更广泛的受众群体中。企业在追求经济效益的同时，也承担着相应的社会责任。许多企业通过参与公益活动、支持教育事业等方式回馈社会，提升城市的人文关怀和社会形象。这些举措不仅有助于构建和谐社会，还为城市品牌建设增添了更多的人文内涵。

3．城市品牌建设的受益者与评价者

公众是城市品牌建设的最终受益者和评价者。他们的满意度和认同感是衡量城市品牌建设成功与否的重要标准。城市品牌建设的最终目的是提高居民的生活品质。公众通过享受优质的基础设施、便捷的公共服务、丰富的文化生活等，感受到城市品牌建设带来的实惠和便利。这些变化直接影响着公众对城市品牌的评价和认同度。公众有权参与到城市品牌建设的决策过程中，表达自己的诉求和建议。同时，他们还可以对城市品牌建设工作进行监督，确保各项政策和措施得到有效执行。这种参与和监督机制有助于增强公众对城市品牌的归属感和责任感。公众是城市品牌的最佳传播者，当他们对城市品牌建设感到满意时，会自发地向亲朋好友推荐这座城市，从而扩大城市的知名度和影响力。这种口碑传播方式具有成本低、效果好的特点，是城市品牌建设不可或缺的重要力量。

（二）公平利益分配与城市品牌建设的理想状态

1．城市品牌建设的基础

城市品牌建设涉及多个利益主体，包括企业、公众等。这些主体在城市品牌建设中投入资源、承担责任，并期望获得相应的回报。因此，建立一个公平的利益分配机制，确保各方能够按照其贡献和投入获得合理的利益，是城市品牌建设得以顺利进行的基础。公平的利益分配机制应当考虑各利益主体的实际投入和贡献，以及他们所承担的风险。例如，政府在城市品牌建设中提供政策支持和基础设施建设，企业应当通过税收、就业等方式回馈社会；企业通过创新、投资等方式推动城市经济发展，提升城市品牌形象，同时也应享受政策优惠和市场机遇；公众作为城市的主人，他们的满意度和参与度是评价城市品牌建设成功与否的重要标准，因此，公众利益应当得到充分保障，包括享受优质的公共服务、拥有良好的生活环境等。

2．激发城市品牌建设的活力

当各利益主体能够获得公平的利益分配时，他们将更加积极地参与到城市品牌建设中来。政府会更加注重城市品牌的整体规划和战略布局，企业提供更多的创新和服务，公众则更加积极地参与到城市品牌的建设和推广中来。这种积极性的提升，将有助于激发城市品牌建设的活力，推动城市品牌的持续发展。当企业看到其在城市品牌建设中的投入能够获得合理的回报时，它们可能会更加愿意投入资金和技术进行创新研发，推动产业升级和转型。同时，公平的利益分配也会吸引更多的企业加入城市品牌建设中来，形成良性竞争和合作共赢的局面。

3．实现城市品牌建设理想状态的关键

城市品牌建设的理想状态应该是一个政府、企业和公众共同参与、共同受益的和谐生态系统。在这个系统中，各利益主体之间形成紧密的合作关系，共同推动城市品牌的提升和发展。而要实现这一理想状态，公平的利益分配是关键。通过公平的利益分配，可以确保各利益主体在城市品牌建设中得到应有的回报和激励，从而增强他们对城市品牌建设的认同感和归属感。这将有助于形成全社会共同参与城市品牌建设的良好氛围，推动城市品牌建设向更高水平发展。同时，公平的利益分配也有助于减少社会矛盾和冲突，维护社会稳定和谐。当各利益主体都能够感受到公平和正义时，他们将更加愿意为了共同的目标而努力奋斗，推动城市品牌建设不断向前发展。

第五章

体育赛事文化传播与品牌建设

第一节　传播学和文化传播学理论

一、传播学理论

（一）信息的定义与信息的传递

在当下社会，信息无处不在，它不仅仅是简单的文字或数据，更是通信的桥梁、运算的基础和人类感知世界的重要来源。信息，作为社会环境中事物特征与变化的反映，其传播与接收过程尤为复杂且精妙。美国传播学家威尔伯·施拉姆（Wilbur Schramm）的理论为我们揭示了信息传播的本质：一个完整的信息传播过程涉及信息的发送者、信号、传播通道以及接收者，这四个要素缺一不可。在信息的发送环节，发送者可以通过多种方式来传达自己的意图，无论是通过媒体、语言，还是手势、表情，都是信息传递的有效手段。但这里存在一个关键问题，即发送者所传递的信息并不总是能被接收者完整、准确地接收。这就要求信息在发送前必须进行有效的编码，以确保其能在传播过程中保持原有的意义。编码的过程，实际上就是将抽象的信息转化为可被传播的具体信号，这一过程对信息的完整性和准确性至关重要。而无论是听觉通道还是视觉通道，每种通道都有其独特的优势和局限性。选择合适的传播通道，可以最大限度地保证信息的有效传递。例如，在教育领域，视觉通道可能更适合传递图表、图片等直观信息，而听觉通道则更适合传递讲解、讨论等语音信息。接收者在接收到信息后，需要经过解码过程来理解信息的真正含义。解码的准确性直接影响到信息的接收效果。施拉姆强调，信息传播者与接收者之间的经验重叠是信息传播效果的关键。这种重叠意味着发送者和接收者需要有共同的知识背景和理解框架，这样才能确保信息的准确传递和理解。

（二）信息的形式

信息的形态与结构对信息的接受有很大的影响，其中有三个方面的问题值得关注：信息有没有组织，是信息传递的一个重要因素。其中，有序的、具有丰富的结构与图式，且彼此之间存在着紧密的关联，容易被人们记住；而混乱的信息往往因为其结构的缺失而被人们所遗忘。信息传输率对信息负载具有影响。迅速传播的消息会给收件人带来更大的信息负荷。通常的观点是，当接收方对信息有较强的控制力时，就会有较好的传输效率。在信息的格式与构造上，一项需要考量的事项，就是信息是否能引起听者的注意。这就要求媒介的选用要有针对性，要有针对性地进行符号的设计，同时要尽量避免干扰接受主体的注意力与信息加工。

（三）传播学理论的发展

传播学从20世纪20年代开始萌芽，到40至50年代逐渐成形，到70至80年代，它在北美、西欧和日本等发达国家中迅速发展起来，形成了一种学派林立、学说繁多、著作丰富的“大学科”。本书所采用的传播理论与观念，均是建立在体验主义的基础之上。传播学，是在多方面的影响下产生的。就学科本身而言，其产生的根源有三：一是基于科学性、实证性的行为科学；二是信息学，它以信息论、控制论、系统论“三论”为主要支柱；三是以新闻传播和新闻规律性为主要内容的新闻学。传播学是研究人类一切传播行为和传播过程发生、发展的规律以及传播与人和社会的关系的学问，即研究人类如何运用符号进行社会信息交流的学科。

传播学的四大先驱（拉斯韦尔、卢因、拉扎斯菲尔德、霍夫兰）和传播学集大成者施拉姆通常被视为传播学的五大奠基人，以他们为代表的经验学派在传播学的形成和发展过程中做出了非常显著的贡献。其中，政治学家哈罗德·拉斯韦尔（Harold Lasswell）于1948年发表的《社会传播的结构与功能》，可谓是传播学的开山之作或奠基之作，对传播学产生了两大重要意义。一是提出了著名的“5W”传播模式，即谁（who）、说什么（what）、通过什么渠道（in which channel）、对谁说（to whom）、产生什么效果（with what effect）。同时还对应这五个环节勾画出了传播学的五种分析，即控制分析、内容分析、媒介分析、受众分析和效果分析。用图表直观地表示，如图5-1所示。

二是对传播功能的概括，其在书中提出人类传播活动具有三大功能，即环境

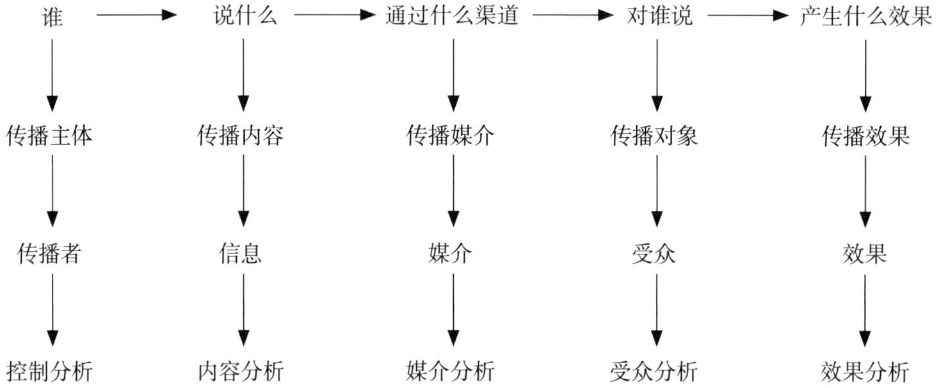

图5-1 拉斯韦尔“5W”传播模式图

监视、社会协调和文化传承，这也成为传播学的经典理论之一。

（四）传播学理论的内涵

传播学理论的内涵在于深入探索信息传播的本质和规律，其不仅研究信息的传递过程，更关注这一过程中涉及的各种要素及其相互关系。从传播者到接收者，从传播内容到传播媒介，每一个环节都蕴含着复杂的动态交互。传播学理论还致力于揭示信息如何影响个体和社会，以及如何通过有效的信息传播实现社会文化的传承与发展。此外，传播学理论也融合了多学科的知识，与社会学、心理学、政治学等紧密相连，共同构建起一个全面而深入的理解框架。在这个框架内，传播不仅是一个简单的信息传递过程，更是一个充满策略性、影响力和文化意义的社会行为。因此，传播学理论的内涵是丰富而深刻的，它旨在全面解析信息传播现象，为人们理解当代社会的沟通方式和文化变迁提供重要的理论支撑。通过深入研究和应用传播学理论，可以更好地把握信息传播的精髓，进而优化传播策略，提升传播效果，促进社会的和谐发展。

（五）传播的特点

1. 信息共享活动

传播活动具有将单个人或少数人独有的信息化为两个或更多人共有的动态过程，无始无终，没有界限，具有交流、交换和扩散的性质。社会传播在一定结构中进行，差别特点表现为结构特点，要把其中相关的多元关系作为分析的基本单位。传播的结构就是各种关系的相互变化。

2．传播关系反映社会关系

世界上没有抽象的信息，也没有抽象的传播。施拉姆说："传播（communication）一词和社区（community）一词有共同的词根，这并非偶然。没有传播，就不会有社区；没有社区，也不会有传播。"社区由地缘关系和社会关系构成。传播产生于社会关系，体现社会关系。传授双方表述的内容和采用的姿态、措辞等无不反映着各自的社会角色和地位，具有见解表达性。人们通常从他人行为间接揣测传递的意思或情意并作出反应，对方同样从反应揣测藏在后面的意思并进行回答。传播是一种双向的社会互动行为。传播者通常处于主动地位，但传播对象通过信息反馈来影响传播者，双方有强弱之分，但都是社会互动行为。

3．传授双方拥有共通的意义空间

信息的传播要经过中介的符号化解读，双方必须对符号意义拥有共通的理解，否则传播不能成立，或传而不通，或导致误解。共通的意义空间包括人们大体一致或接近的生活经验和文化背景。

4．传播是一种行为，是一种过程，也是一种系统

行为、过程、系统从不同角度概括了传播的重要属性。"行为"指文化传播是以人为主体的活动；"过程"着眼于传播动态和运动机制，考察从信源到信宿的一系列环节和因素的相互作用和相互影响关系；"系统"把社会传播看做一个"复杂过程的集合体"。

二、文化传播学理论

（一）文化传播与社会发展

1．文化传播对社会发展的影响

文化传播在社会发展中的重要性不言而喻，其深远影响力贯穿于社会的每一个角落。它并非只是单纯地传递信息，而是承载着塑造社会风貌、引导时代潮流的重任。文化传播如同一股隐形的力量，在潜移默化中改变与优化社会的内在结构和外在表现。它像是一股涌动的暗流，不断地冲刷着人们的思想观念，推动其向前发展。书籍、影视、网络等多元化的传播媒介，成为文化传播的重要渠道。通过这些媒介，不同的文化与观念被广泛地传播开来，深入人心，进而引发人们

对社会现状的深刻反思与积极改变。同时，文化传播也在无形中塑造着社会的价值观和行为方式，使得整个社会变得更加开放、包容和多元。

在全球化的大背景下，文化传播的作用愈发凸显。它打破了地域的限制，让不同文化背景下的人们能够相互了解、相互学习。这种跨文化的交流与融合，不仅丰富了文化的多样性，也为社会的发展注入了新的活力。通过文化传播，人们可以更加深入地了解其他国家和地区的文化特色和社会风貌，从而增进相互之间的理解与尊重。值得注意的是，在文化传播的过程中，接收者会根据自己的文化背景和生活经历对信息进行筛选、解读和再创造。这种互动性的传播方式使得文化传播更加生动、多元且具有深度。它不仅仅是一种信息的传递过程，更是一种文化的交流与融合过程。

2．社会变迁对文化传播方式的推动

随着科技的飞速发展和全球化的深入推进，文化传播的方式和手段也在不断地创新与发展。这种创新与发展不仅体现在传播媒介的多样化上，更体现在传播理念的更新与传播效率的提升上。科技的进步为文化传播带来了革命性的变化。互联网技术的普及使得信息传播的速度和范围达到了前所未有的高度。通过社交媒体、短视频平台等新兴媒介，文化内容得以迅速传播并广泛覆盖全球受众。这种高效的传播方式不仅打破了时间和空间的限制，还极大地降低了传播成本，提高了传播效率。同时，在过去，文化传播往往被视为单向的信息传递过程，而如今，人们更加注重传播的互动性和参与性。受众不再是被动的信息接收者，而是成为了文化传播的参与者和创造者。他们可以通过各种渠道表达自己的观点和看法，与传播者进行实时的互动与交流。这种传播理念的更新使得文化传播更加贴近受众需求，增强了传播的针对性和实效性。此外，随着全球化的深入推进和多元文化的交融碰撞，人们对于文化内容的需求也变得更加多元化和个性化。为了满足不同受众群体的需求，文化传播者需要不断创新内容形式和传播方式，提供更加丰富多样的文化产品和服务。这种创新不仅有助于提升文化传播的吸引力和影响力，还能促进文化的传承与发展。

（二）符号学与文化传播

1．符号学在文化传播中的核心作用

在文化传播的海洋中，符号学如同一座指引方向的灯塔，照亮着信息的航道，使得发送者与接收者能够准确无误地进行沟通与交流。符号，作为文化传播的基本单位，其重要性不言而喻。它们承载着丰富的信息与意义，每一个符号都如同一枚独特的文化印记，记录着特定文化的历史和传统。在传播过程中，符号不仅传递着各种信息，更在无形中塑造着人们的认知与理解。它们如同一把把钥匙，打开了人们理解不同文化的大门。值得深入探讨的是在不同的文化和社会背景下，同一个符号可能承载着截然不同的含义。这种变化是文化的多样性与复杂性的体现，也为文化传播增添了更多的层次和深度。正因如此，对符号的深入分析与解读显得尤为重要。它们是人们理解文化传播过程和效果的关键所在。在文化传播的舞台上，符号的作用远不止于此。它们还是情感的纽带，连接着不同的人们，让人们在共享文化的精髓与内涵中找到共鸣。符号更是文化的标识，代表着不同的文化群体和身份。通过符号的传递与解读，人们能够跨越时空的障碍，感受到不同文化的魅力与深度。

2．数字时代符号学在文化传播中的机遇

随着数字时代的来临，符号学在文化传播中面临着新的挑战与机遇。在这个信息爆炸的时代，符号的传播速度与范围得到了极大的提升，但同时也带来了信息过载的问题。如何在海量的信息中筛选出有价值的符号，成为符号学面临的新课题。与此同时，数字技术的发展也为符号学带来了新的机遇。社交媒体、移动通信等技术的飞速发展，使得符号的传播更加便捷、高效。人们可以通过各种数字平台，快速地分享和传播自己的文化符号，让更多的人了解和欣赏。这为文化传播提供了更为广阔的平台，也让符号学的研究与应用更具现实意义。此外，随着科技的进步和全球化的推进，人们对符号的需求也在不断变化。如何巧妙地运用符号来传递信息、表达情感、塑造形象，成为了符号学面临的新任务。

（三）跨文化传播

跨文化传播，这是一个涵盖着深厚内涵与广泛外延的概念，它指的是不同文化间的交流与信息的传递。在这个多彩而又复杂的世界中，每一种文化都承载着其独特的历史积淀、传统习俗、价值观念以及信仰体系。正是这些丰富多彩的文化元素，构成了跨文化传播的丰富土壤和无尽源泉。跨文化传播并非简单的信息传递，而是一种深层次的文化交融与心灵对话。在这个过程中，尊重每一种文化的独特性和价值是至关重要的。文化的多样性是人类社会的宝贵财富，每一种文化都值得被平等对待和深入理解。在跨文化传播的实践中，应摒弃任何形式的文化优越感或偏见，以开放和包容的心态去接纳和学习不同的文化。但跨文化传播并非易事，因为不同的文化背景下，人们对于事物的理解、表达方式和行为习惯都存在显著的差异。这种差异有时会导致误解和冲突的产生，但这也正是跨文化传播的魅力所在。它促使人们不断地去探寻、去理解、去适应，进而在交流与碰撞中找到共鸣与融合。为了适应不同文化的特点和习惯，跨文化传播者需要具备高度的文化敏感性和跨文化交流能力。这不仅包括对不同文化的基本了解，更涉及在实际交流中的灵活应对和深度理解。此外，跨文化传播还需要人们掌握一定的沟通技巧和策略，以便更好地传递信息、表达观点并促进相互理解。在跨文化传播的过程中，媒体的作用举足轻重。作为信息的桥梁和文化的载体，媒体通过其多样化的传播形式，如新闻报道、影视作品、音乐艺术等，将不同文化的精髓和价值观传递给全球受众。这些媒体作品不仅丰富了人们的文化生活，还在无形中促进着不同文化间的相互了解和尊重。

第二节　体育文化的构成、分类与传播

一、体育文化的构成与分类

随着时间的推进，体育文化获得了一定程度的丰富与发展，如今已经拥有了丰富的文化体系和难以计数的类别。从体育文化的分类条件出发，能够形成差异化的文化形态。例如，从体育文化地区的特色出发，能够将其分成东方与西方体育文化，同时东方与西方体育文化又成为世界体育文化的重要部分；从文化的层次上看，体育文化主要包括物质、精神与制度文化；而从体育文化的功能性上看，则能够将其分成学校、大众与竞技体育文化。

（一）体育物质文化、体育精神文化、体育制度文化

1. 体育物质文化

物质文化是一种实体文化，是体育文化建设的基础，也是客观物质保障，是

体育文化建设的“硬件”。缺少物质基础，则无法举办体育活动。

体育物质文化主要包括以下几方面内容：

（1）体育运动形式。

（2）体育场馆、器材、设施等。

（3）体育教材，体育文献、音像制品等。

（4）体育雕塑、体育建筑、体育广场等。

（5）体育标语，体育宣传画、文字等。

2．体育精神文化

体育精神文化是体育文化的重要组成部分，其涵盖勇敢、坚持、团队合作、公平竞争等核心价值。在体育赛事中，这些精神体现得淋漓尽致，运动员们不畏强手，勇往直前，展现了人类不断挑战自我、超越自我的决心。同时，他们也深知团队的力量，通过默契的配合和无私的奉献，共同为胜利而努力。公平竞争更是体育精神文化的基石，它确保了每个人都能在同样的条件下展现自己，赢得尊重和荣誉。这种精神不仅仅局限于赛场，更渗透到人们的日常生活中，激励着人们面对困难时不放弃，追求更高的目标。

3．体育制度文化

体育制度文化是体育文化的重要组成部分，它起着规范、引导和保障体育行为的重要作用。作为一种特殊的文化形态，体育制度文化是物质文化与精神文化的桥梁，同时也是二者发展的有力保障。体育制度文化主要体现在各种体育规章、制度中，这些规章制度确保了体育活动的有序进行，同时也为体育参与者提供了公平竞争的环境。例如，各种体育竞赛规则确保了比赛的公平公正，运动员守则规范了运动员的行为，体育传统则承载了体育文化的历史传承。

（二）学校体育文化、大众体育文化、竞技体育文化

1．学校体育文化

人们通常将学校范围内的体育文化称之为学校体育文化，实现了教育和体育的有机交融，是具有学校特色的体育文化形态。学校体育文化的环境必须是在学校当中，其所涉及的相关主体主要包括学校的老师、学生以及教务工作者。根据文化内容结构，能够了解到学校体育文化具有多元性特征，在体育文化中扮演着重要作用，成为现阶段国内推进学校教育与体育教育的重要文化形态。学校体育

文化的不断构建与发展，可以在很大程度上提高对体育人才的产出，形成积极向上的体育文化环境，为实现大众体育文化的进步发挥积极作用。学校体育文化还呈现出一定的教育性特征，具体为德育、智育和美育等。

2．大众体育文化

大众体育文化是指社会领域内广泛参与的体育活动，它对人们的精神和身体健康有重要影响。大众体育活动吸引了许多有相同爱好的人共同参与，通过运动建立社交互动，参与者自发加入，不追求盈利，项目选择与个人身体状况和偏好相关，一旦选定，长时间内不易改变。参与者在学习体育文化知识和实践技能的同时，与志同道合者交流，形成良好互动和特色群体文化。随着知识经济的发展，人们生活方式和观念变化，追求更高品质生活，并通过体育强身健体，深刻影响着大众体育文化。简而言之，大众体育文化已成为现代生活不可或缺的一部分，塑造着健康、积极的社会氛围。

3．竞技体育文化

经过比较分析可以发现，相较于其他体育文化内容来说，竞技体育文化有着较长的发展历程，现代体育文化的进步与发展，也在进一步丰富着竞技体育文化的内容。竞技体育文化，在现代社会的发展中形成了多样化的内涵，现阶段竞技体育文化体系相对成熟且科学，尤其是奥林匹克体育文化，具有极高的代表性与典型性。

二、体育文化的传播

（一）体育文化传播的内涵

体育文化传播对在体育领域内的所有的传播行为和现象进行了研究，并由此对它与人类社会之间的联系进行了探讨，对它从一种现象到发展成为一项事业的发生、发展过程以及它的发展规律进行了研究。体育交流，就其本质而言，就是对体育文化的交流，就是对体育文化与其他文化和社会其他因素的交流，是从不同的视角解读体育交流。在宏观层次上，体育文化传播是指通过体育作为媒体来传递体育的资讯和文化；体育文化传播在微观层次上的研究运动的传播因素，传播现象或运动。体育的交流渗透到了社会的方方面面，而更多的则是体育的精神交流。就体育通俗文化而言，大众的价值观和审美取向对大众传媒产生了影响，大众传媒又迎合和引导了大众。大众文化自身是一种双向的、持续变化的文化形态。竞技运动的通俗文化在广大群众中得到了广泛的传播，并不断地吸引着一批人的参与。大众运动的休闲、娱乐、刺激等象征意味，在大众运动中得到了充分的发挥，吸引了更多的年轻人，进而吸引更多的人加入。例如，滑冰的流行就是如此。再比如，最近几年，极限运动的快速发展，主要原因就是现在的人们对不断重复的社会生活和工作感到厌烦，他们表达了一种渴望和追求刺激与自由的心态，而极限运动正好符合了大众对刺激的需要。

（二）体育文化传播的形式

体育文化传播的形式，也就是沟通的种类与方式。体育职能转变的社会需要使体育交流形式多样化。在学校体育和群众体育的互动和传播过程中，通过对学校体育文化的建构，能够对学生产生正面的影响，从而促使他们树立正确的体育观念。当学生们从校园里走出来，步入社会的时候，他们就会在自觉或不自觉的情况下，将这些正确的体育意识、体育道德和体育观传播出去，这就是学校体育对学生们的渗透。同时，还可以通过学生们在毕业之后，进入社会之后所扮演的角色的转换，来达到将学校体育文化向社会的传播的目的。社会体育文化传播，与体育产业的发展有着紧密的联系，它可以通过体育知识普及、体育广告、体育赛事等方式来实现。

三、体育文化传播的类型

（一）体育文化的自我传播

“自我传播”指的是以“运动”为媒介，来完成“运动”的传播。具体地说，体育既是一种运动，又是一种文化，体育文化就是通过体育运动的开展，来实现传播。就拿个人的体育健身活动来说吧，为了达到一个好的运动健身效果，个体就一定要对体育基础知识进行认真学习，掌握体育技能，了解体育规则与体育礼仪，这样才可以科学地参与到体育健身活动中来。这就是体育运动本身，它以运动员的个体为载体，对其进行自我充实和传播。体育自身传播性的存在，使体育不仅是一种纯粹的身体运动，更是一种心理和心理的相互作用。体育运动与人的身心发展有着紧密的联系，体育运动既可以改变人的外部形式，又可以通过人的生理发展而对人的心理发展产生作用。参加体育运动，不但可以增强体质，而且可以提高心智。运动不仅能造就强健的体魄，而且能陶冶人的心智。

（二）体育文化的人际传播

体育是一种良好的交际活动，通过参与体育活动，可实现具有相同体育运动爱好的不同人之间的运动交流，如“球友”“棋友”的出现，均是借助体育运动形式来进行社会人际交流的。这就是体育文化的人际传播。在体育活动中，人们会以身体表现为媒介，向对方或同伴传递自身所携带的信息。具体传递的信息是非常丰富的，例如：

（1）训练有素的技能。

（2）姿态优美的动作。

（3）志在赢得比赛的气势和自信。

（4）体育活动背后的民族地区独特的体育文化内涵与民族精神内涵。

（5）体育社会文化发展水平与环境等。

（三）体育文化的组织传播与大众传播

大众传媒的传播速度快，覆盖面广，借助现代传媒技术，可将体育文化传播的地域性特征从根本上进行变革，让世界各地的人们能够及时得到体育信息，“近距离”地参与到体育比赛和体育活动中去。大众传媒极大地提高了体育的社会性。

体育文化的大规模传播包含下列传播因素：

（1）传播的人。以体育比赛为例，大众媒体运用了高科技的通信技术与装备传播体育赛事信息，通过赛事信息的传播来获得更多的传播受众（读者、观众或听众）。

（2）传递信息。体育比赛的信息量很大，各种运动比赛的资讯组成了一个庞大的“信息场”，而比赛的进程、结果、花絮等都是大家关心的重点。

（3）观众。重大运动赛事的受众面很广，既有在赛事场馆内的受众，又有在各种媒体上收听赛事资讯的受众。观众和听众是通过多种方式（持续关注、收听、购买门票和比赛周边产品、广告和赞助产品，等等）来认识比赛的。

第三节　体育赛事文化环境指标研究

一、体育赛事文化环境内容

从广义的角度来看，文化环境无疑是一个庞大且复杂的系统，其涵盖了社会上所有的物质与精神要素，不仅包括了人们创造的物质财富，如建筑、交通，以及各种设施，更涉及了无形的精神财富，诸如价值观、信仰、艺术、道德准则等。这些要素相互交织，共同构成了一个社会的文化底蕴。而狭义的文化氛围，则更多地聚焦于人们的精神世界，其关注的是群体或个体在特定社会文化背景下所形成的共同心理倾向、思维方式和行为习惯，这种文化氛围虽然难以触摸，但却无处不在，深刻地影响着每一个社会成员的日常行为和决策。对于体育赛事而言，其社会文化环境的研究显得尤为重要。体育赛事不仅仅是一场体育竞技活动，它更是一个社会文化现象。因此，在研究体育赛事时，应该将所有相关的物质因素、制度因素和精神因素都纳入考量。比如，赛事举办的场地设施、交通配套等物质条件，比赛的规则制度、组织管理等制度设计，以及参赛运动员的精神状态、观众的观赛氛围等精神层面，都是构成体育赛事社会文化环境的重要组成部分。为了全面而深入的理解体育赛事，必须将其置于一个整体的社会体育文化环境中去考察，这样，不仅能够更好地理解赛事本身的内涵和意义，还能够洞察其与社会文化之间的相互影响和塑造关系。这种全面的视角，有助于人们更准确地把握体育赛事的本质，以及其在社会文化环境中的地位和作用。

二、大型体育赛事文化环境指标构成

为了对体育赛事的文化影响因素有更清晰的认识，许多学者从经济管理、社会影响、政府的公共体育服务等多个视角，对体育赛事的构成、影响和发展进行了深入的探讨，并给出了一个体育赛事的文化环境因素的系统，这对于准确掌握体育赛事的各种文化环境因素对于体育赛事的影响具有重要的指导意义。对体育赛事的文化环境指数进行研究，能够清晰地认识到其与周边的文化环境之间的相互影响，从而能够为体育赛事寻找一条健康、科学的发展之路，进而提高人民的生活质量，推动区域城市的更好发展。以文化学中的“文化三层次”理论为依据，将“物质、制度和精神”列为第一个维度的指标，对其进行了重新分类，最终得到了体育赛事文化环境的指标体系（表5-1）。

表5-1　体育赛事文化环境指标

指标维度	主要内容	具体指标	项数
运动员指标	运动员	运动员的技术等级	5
		运动员所参加项目所属项群	
		运动员的性别比例	
		运动员的平均年龄	
		运动员的受教育水平	
裁判员指标	裁判员	裁判员的受教育水平	5
		裁判员的技术等级	
		裁判员的执裁次数	
		裁判员的平均年龄	
		裁判员的性别比例	
观众指标	观众	占总人口的比重	4
		体育赛事上座率	
		区域内体育节目收视率	
		人均体育消费	
行业结构指标	相关行业	竞赛表演业	7
		健身娱乐业	
		赛事培训业	
		赛事旅游业	
		赛事用品制造业	
		赛事媒体业	
		赛事博彩业	
赛事产品指标	赛事产品	赛事器材	6
		赛事服装	
		运动护具	
		赛事纪念品	
		赛事广告	
		赛事品牌	

续表

指标维度	主要内容	具体指标	项数
消费指标	消费品	体育杂志订阅率	4
		人均体育消费支出	
		门票售价	
		赛事盈亏	
区域发展水平与服务指标	区域发展水平与服务质量	体育工作者占社会从业人员的比重	12
		当地政策对体育工作者的支持力度	
		空气综合污染指数	
		公共卫生服务经费支出占地方财政支出的比重	
		体育广播、电视节目人口覆盖率	
		区域发展与区域传统体育项目数量	
		每年定期举办的体育赛事数量	
		每年区域传统体育项目举行次数	
		恩格尔系数	
		每万人酒店数量、每万人拥有公交车数量、每万人体育场馆数量、每千人体育协会数量等	
		体育文化与传媒支出占财政支出的比重	
		区域内体育政策法规数量	
相关人员指标	体育赛事服务人员	区域内体育中介组织数量	6
		区域内体育经纪人数量	
		举办大型体育赛事次数	
		体育志愿者数量	
		赞助商数量	
		每千人体育社会指导员数量	
价值观念指标	精神文化	体育比赛中假球、黑哨等事件出现频率	4
		每年球迷骚乱现象出现次数	
		每年体育比赛中兴奋剂问题出现次数	
		每年体育赛事赞助金额	

表5-1所列的体育赛事文化环境指数包含了三个方面，即物质方面、制度方面和精神方面，能够较好地从各个层次上反映出我国各地区的体育赛事文化环境现状。体育赛事组织与管理者可以将体育赛事的这些文化环境指标的调查与分析

相结合，从而确定体育赛事举办的可操作性、赛事运营策略以及今后的发展趋势，对于具有不同性质、规模的体育赛事，可以将以上各项指标相结合，并着重分析对体育赛事举办和发展有较大影响的指标。

三、当前我国赛事文化宏观环境分析

（一）政治因素

近年来，我国政府对体育赛事行业的支持力度显著加强，通过精心制定和实施一系列相关政策和规划，全面推动体育产业的蓬勃发展。这些举措不仅体现了国家对体育事业的重视，也彰显了政府对提升国民健康水平和推动体育产业成为国民经济新的增长点的决心。举例来说，《体育产业“十二五”规划》的发布，就为体育产业的未来发展指明了方向，设定了明确的目标，该规划不仅鼓励社会资本进入体育产业，还提出了优化产业结构、完善市场机制等多项具体措施，为体育赛事行业的繁荣创造了有利条件。同时，《全民健身条例》的颁布更是将体育健身的重要性提升到了法律层面。这一条例的实施，不仅促进了全民健身活动的普及，也为体育赛事行业培养了庞大的观众基础和参与群体，进一步推动了体育赛事行业的发展。在这些有力政策的保障下，我国体育赛事行业迎来了前所未有的发展机遇。

（二）经济因素

随着国内经济的持续稳健增长，人们的收入水平和生活品质得到了显著提升，使得他们的消费观念和需求也随之发生变化，特别是在体育娱乐方面，越来越多的民众开始重视并参与各种体育赛事，将其视为提升生活质量、锻炼身体和放松心情的重要途径。因此，对于体育赛事的需求呈现出日益增长的态势。这种需求的增加为体育赛事行业的发展创造了巨大的市场空间，各类体育赛事不仅吸引了大量观众的关注和参与，更成为了商业价值的重要载体。众多具有前瞻性的企业和品牌看到了体育赛事背后的商业潜力和社会价值，纷纷投入资金进行赞助和投资。这些来自企业和品牌的资金支持，无疑为赛事的顺利举办和广泛推广注入了强大的动力。它不仅提升了赛事的知名度和影响力，还进一步拉动了体育产业的发展，形成了良性循环。

（三）社会因素

随着全民健身意识的逐渐普及和深入人心，体育锻炼已经从一种简单的身体活动转变为人们日常生活中不可或缺的一部分。越来越多的人开始自发地参与到各类体育赛事中，无论是作为选手竞技还是作为观众助威。这种广泛的参与不仅极大地促进了体育产业的飞速发展，为相关产业链带来了丰厚的经济效益，同时也极大地丰富了人们的文化生活，提升了整体社会的生活质量。与此同时，社会结构也在经历着深刻的变化。城市化进程的加速使得人口更加集中，这为体育赛事的举办提供了更大的观众基础和更便利的组织条件。而人口老龄化趋势则促使体育赛事行业更多地关注中老年群体的健康和运动需求，开发出适合他们的赛事和活动。这些社会结构的变化无疑对体育赛事的需求和消费模式产生了深远的影响。传统的体育赛事需要不断创新和适应，以满足不同社会群体的需求。这些变化虽然带来了挑战，但更为体育赛事行业提供了新的发展机遇，促使其朝着更加多元化、个性化的方向发展。

第四节　体育赛事宣传、形象建设与品牌建立

一、体育赛事宣传方式

（一）宣传渠道选择

1. 传统媒体的应用与优势

传统媒体，包括电视、广播、报纸和杂志等，具有广泛的覆盖范围和深厚的受众基础，是体育赛事宣传不可或缺的重要工具。电视作为最直观的宣传渠道，能够通过生动的画面和声音，将体育赛事的精彩瞬间传递给千家万户。特别是现场直播的体育赛事，电视媒体的实时传播能力能够让观众身临其境地感受比赛激情，从而增强对赛事的关注和兴趣。广播作为一种伴随性媒体，具有便携性和广泛性的特点。在车载广播日益普及的今天，通过广播传递体育赛事信息，可以覆盖更广泛的潜在受众，尤其是那些在路上或忙碌中无法观看电视的人群。此外，

广播的宣传成本相对较低，适合作为辅助宣传渠道，提高赛事的知名度和参与度。而报纸和杂志则通过文字和图片的结合，为受众提供更为深入的赛事报道和分析。它们不仅能够传递比赛结果和精彩瞬间，还能通过专题报道、人物访谈等形式，挖掘赛事背后的故事，增强受众对赛事的情感认同和关注度。报纸和杂志的宣传效果虽然不如电视和广播迅速，但其持久性和深度报道的特点，使得它们在体育赛事宣传中具有不可替代的价值。传统媒体渠道在体育赛事宣传中的优势在于其广泛的覆盖范围、多样的宣传形式和深厚的受众基础。通过合理利用这些渠道，可以有效地提高体育赛事的知名度和影响力，吸引更多的观众关注和参与。

2．新媒体的崛起与创新

新媒体，包括互联网、社交媒体、移动应用等，以其互动性、即时性和个性化的特点，为体育赛事宣传带来了前所未有的机遇和挑战。互联网作为新媒体的代表，通过门户网站、体育论坛、在线直播等形式，为受众提供了丰富的体育赛事信息和互动交流平台。受众可以随时随地获取最新的赛事资讯，参与在线讨论，甚至通过网络直播观看比赛。互联网的宣传效果不仅迅速广泛，而且能够精准触达目标受众，提高宣传的针对性和实效性。社交媒体在体育赛事宣传中的作用不容忽视。通过微博、微信、抖音等社交平台，体育赛事可以迅速引发关注和讨论。这些平台具有用户黏性强、传播速度快的特点，能够以“病毒式传播”的方式，让体育赛事信息在短时间内迅速扩散。此外，社交媒体还为受众提供了与赛事相关的互动游戏、话题挑战等参与形式，进一步增强了受众的参与感和归属感。移动应用作为新媒体的另一重要分支，通过定制化的赛事应用、体育类App等形式，为受众提供了更为便捷和个性化的赛事体验。这些应用不仅可以实时推送赛事信息，还能提供赛事数据分析、运动员追踪等高级功能，满足受众对体育赛事的多元化需求。

（二）宣传内容创意与设计

1．突出赛事特色与亮点

每一场体育赛事都有其独特之处，无论是历史悠久的传统对抗、技艺高超的运动员阵容，还是创新独特的比赛规则，这些都是吸引观众眼球的宝贵资源。宣传内容应当深入挖掘这些特色，将其以鲜明、生动的形式呈现出来。例如，如果赛事具有地域文化特色，宣传中可以融入当地的风土人情，讲述赛事与地域文化的紧密联系，从而增强观众的代入感和归属感。若赛事强调的是速度与激情，那么在宣传中就可以运用动感的音乐和快速剪辑的画面，来展现运动员们风驰电掣的身影和紧张刺激的竞技场面。通过精准捕捉并放大赛事的独特魅力和核心价值，宣传内容不仅能够吸引观众的注意力，更能够激发他们的兴趣和热情。

2．创意广告与宣传物料制作

在体育宣传中，创意广告与宣传物料的制作是吸引公众视线的关键环节。一则富有创意的广告，往往能够迅速抓住观众的注意力，并留下深刻印象。通过巧妙结合赛事主题，运用幽默、温情或震撼的表现手法，可以打造出令人难忘的广告作品。同时，宣传物料的制作也同样重要，无论是海报、传单还是数字媒体广告，都需要在视觉上引人入胜，在内容上精准传达赛事信息。例如，可以设计一系列以赛事为主题的海报，通过鲜明的色彩对比和富有冲击力的图像，来展现赛事的激情与活力。此外，利用现代科技手段，如增强现实或虚拟现实，制作互动性强的宣传物料，也是吸引观众的有效途径。

二、体育赛事形象建设

（一）赛事视觉识别系统设计

1．赛事标志与吉祥物设计

赛事标志，作为整个活动的象征，其设计需要简洁而富有识别度，能够一眼被观众认出并铭记。它不仅要传达出赛事的核心价值观，还要在视觉上引人入胜，体现赛事的独特性和专业性。因此，设计师在创作时，需深入挖掘赛事的文化内涵和特色，将其巧妙地融入标志之中，使之成为赛事文化的缩影。吉祥物，则是赛事亲和力的代表，它通过可爱的形象和亲切的性格，拉近赛事与观众之间的距离。吉祥物的设计需结合赛事特点和目标受众的喜好，创造出一个既有趣又富有内涵的角色。它不仅是赛事的代言人，更是观众心中的好朋友，能够在赛事期间陪伴大家共同分享喜悦与激情。吉祥物的设计要注重细节和情感表达，让其在众多体育赛事吉祥物中脱颖而出，成为观众心中的独特记忆。

2．赛事主题色与视觉元素确定

主题色，作为赛事视觉识别的基础，能够迅速抓住观众的注意力，并产生强烈的视觉冲击力。在选择主题色时，需充分考虑赛事的特点和风格，以及目标受众的审美偏好，从而选出最能代表赛事精神的颜色。同时，主题色的运用也需要灵活多变，既要在各种宣传材料上保持一致，又要根据不同的应用场景进行适当调整，以达到最佳的视觉效果。除了主题色外，视觉元素的确定也是关键一环。这些元素包括图案、线条、形状等，它们与主题色相辅相成，共同构成赛事独特的视觉风格。视觉元素的设计需要遵循简洁明了、易于识别的原则，同时要注重与赛事主题的关联性，确保观众在看到这些元素时能够自然而然地联想到赛事本身（图5-2、图5-3）。

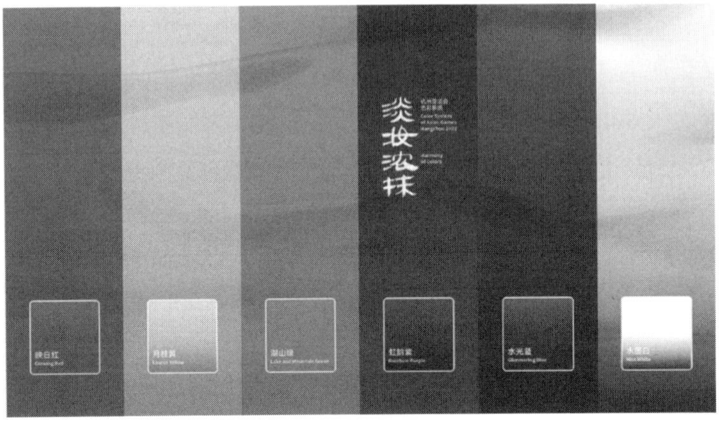

图5-2　杭州亚运会色彩系统

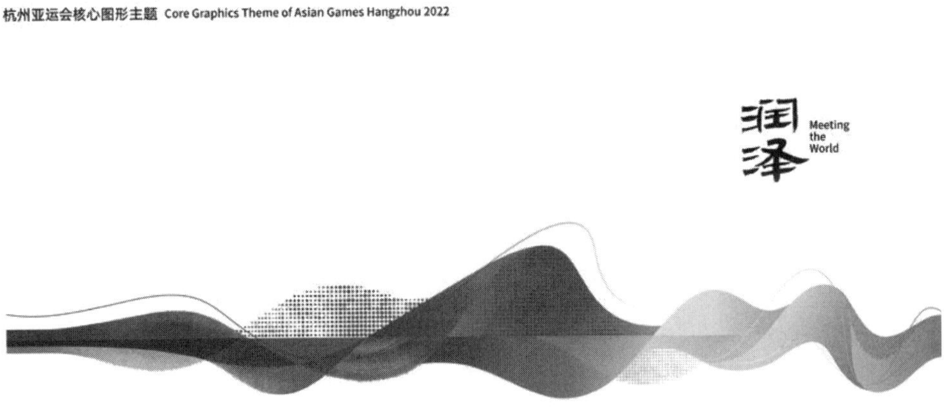

图5-3　杭州亚运会核心图案

（二）赛事形象传播策略

1. 形象大使选拔

在体育赛事的形象传播中，形象大使的选拔无疑是一个至关重要的环节。这不仅是一次对公众展示赛事精神和文化内涵的绝佳机会，更是通过具体的人物形象，将赛事的核心理念和价值观传递给广大观众的有效手段。形象大使的选拔过程，本质上是一次对体育精神与人格魅力的双重追寻。需要寻找的不仅是在体育领域有着卓越成就和广泛影响力的运动员，更是一位能够代表赛事精神、传递正能量、引领社会风尚的杰出代表。这样的形象大使，需要拥有积极向上的精神风貌，能够激励和鼓舞广大观众；同时，也需要具备良好的社会形象和公众影响力，能够借助自身的知名度和影响力，为赛事的推广和传播贡献力量。在选拔形象大使的过程中，还需要注重与赛事主题的契合度。无论是赛事的历史背景、文化内涵，还是其所倡导的体育精神和价值观，都应该在形象大使的身上得到充分的体现和展现。通过精心选拔出的形象大使，将成为体育赛事的重要代言人，将以自己的亲身经历和感悟，讲述赛事背后的故事，传递赛事的核心理念和价值观。同时，体育赛事代言人也将积极参与赛事的各项活动，与观众进行互动和交流。

2. 形象宣传片拍摄与发布

形象宣传片作为体育赛事形象传播的重要组成部分，以其直观、生动的视觉呈现方式，成为连接赛事与公众的重要桥梁。一部优秀的形象宣传片，不仅能够准确传达赛事的核心理念和价值观，还能引发观众的共鸣和兴趣，从而有效提升赛事的知名度和影响力。在拍摄形象宣传片时，需要注重创意与情感的融合。通过精心策划和构思，将赛事的历史背景、文化内涵、体育精神等元素巧妙地融入其中，形成一部既具有艺术美感又富有深刻内涵的视觉作品。同时，还需要注重情感的表达和传递，通过细腻的镜头语言和感人的故事情节，引发观众的共鸣和情感共振。在发布形象宣传片时，需要充分利用各种媒体渠道和社交平台，实现多渠道、广覆盖的传播效果。通过电视、广播、报纸等传统媒体以及互联网、移动媒体等新媒体平台的广泛传播，让更多的人看到这部宣传片，了解体育赛事的魅力和价值。此外，还可以结合赛事的实际情况，开展一系列的宣传活动，如举办发布会、邀请媒体采访报道等，进一步扩大宣传片的传播范围和影响力。

三、体育赛事品牌建立与维护

（一）品牌定位与核心价值提炼

1．明确品牌在市场中的定位

市场定位不仅仅是对产品或服务进行简单的分类，更是要深入地了解目标消费者的需求、喜好以及消费行为，从而为自己的品牌找到一个独特且有利的市场位置。对于体育品牌而言，这意味着要清晰地界定自己的受众群体——是面向专业运动员，还是业余爱好者；是侧重于某一具体运动项目，还是追求全方位的体育装备供应。在明确市场定位的过程中，体育品牌需要对市场环境进行细致的分析，包括竞争对手的战略布局、消费者的消费趋势变化以及自身的资源和能力。例如，如果品牌决定专注于高端、专业的运动装备市场，那么所有的产品设计、营销策略和服务支持都应该围绕这一核心定位来展开。这样一来，当消费者提及该品牌时，能够立刻联想到其专业、高端的市场定位，从而形成独特的品牌印象。

2．体育品牌核心价值

品牌的核心价值是品牌的灵魂，是品牌与消费者建立深度连接的关键所在。对于体育品牌而言，提炼并传播品牌的核心价值，就是在传递一种生活态度、一种运动精神，甚至是一种文化信仰。这不仅能够帮助品牌在激烈的市场竞争中脱颖而出，更能够赢得消费者的忠诚和信赖。提炼品牌核心价值，这需要深入挖掘品牌的内在属性和外在表现。内在属性可能包括品质、创新、专业性等，而外在表现则可能是品牌形象、口碑以及客户服务等。通过综合分析这些方面，体育品牌可以明确自己的核心价值所在，如耐克所强调的“Just Do It”精神，就是一种鼓励人们积极行动、挑战自我的核心价值体现。而传播品牌核心价值，则需要通过多元化的营销策略来实现。这包括但不限于广告宣传、公关活动、社交媒体互动等。每一种传播方式都应该紧紧围绕品牌的核心价值来展开，确保信息的一致性和准确性。

（二）品牌形象塑造与传播

1．统一品牌形象识别元素

在塑造与传播体育品牌形象的过程中，统一品牌形象识别元素是至关重要的一环。品牌名称、标志、口号、色彩、字体等元素共同构成了品牌的视觉形象，是品牌与公众之间建立情感联系的重要桥梁。品牌名称应简洁易记，能够准确传达品牌的核心理念和价值观；标志则应具有独特性和辨识度，能够让人一眼就认出品牌；口号应富有感染力，能够激发人们的共鸣和认同；色彩和字体则应与品牌的定位和风格相契合，营造出独特的品牌氛围。而当人们在不同的场合和媒介上看到相同的品牌元素时，会自然而然地联想到品牌，并逐渐形成对品牌的认知和记忆。这种认知记忆会随着时间的推移而不断加深，最终转化为对品牌的信任和忠诚。此外，一个专业的体育品牌需要在各个方面都展现出高度的统一性和专业性，而统一的品牌形象识别元素正是实现这一目标的重要手段。当人们看到品牌的各个元素都呈现出高度的统一性和专业性时，会对品牌产生更多的信任和好感。

2．制定品牌传播计划与执行方案

品牌传播计划是品牌传播活动的蓝图，它需要根据品牌的定位、目标受众、市场环境等因素来制定。在计划制定过程中，品牌方需要明确传播的目标和预期效果，选择适合的传播渠道和媒介，并设计具有吸引力的传播内容。同时，品牌方还需要考虑传播活动的时机和节奏，确保传播活动的连贯性和持续性。执行方案则是品牌传播计划的具体落实步骤。在执行方案中，品牌方需要明确各项传播活动的具体负责人和执行团队，制定详细的时间表和进度安排，并准备必要的资源和预算。此外，制定品牌传播计划与执行方案的过程需要充分考虑品牌与受众之间的情感联系。品牌方需要深入了解目标受众的需求和喜好，设计能够触动目标受众情感的传播内容，让其在接收信息的同时产生共鸣和认同。同时，品牌方还需要关注市场动态和竞争态势，及时调整传播策略，确保品牌在市场中保持领先地位。

第五节　体育赛事视觉传达设计与城市形象传播

一、体育赛事的视觉传达设计

（一）视觉传达设计的定义与特点

1．视觉传达设计的内涵

视觉传达设计，顾名思义，是一种通过视觉媒介传递信息的设计方式。它不仅仅是文字和图片的简单组合，更是一个融合了创意、艺术和技术的综合性过程。在这个过程中，设计师运用色彩、形状、排版、图形等视觉元素，将信息以直观、生动且富有吸引力的方式呈现给受众。视觉传达设计的核心在于信息的有效传递。设计师需要深入理解信息的本质和受众的需求，通过巧妙的设计手法将信息转化为视觉语言，使受众能够在短时间内快速理解和接受。这种设计方式不仅提高了信息的传播效率，也增强了信息的感染力和说服力。此外，随着社会的不断发展和科技的进步，视觉传达设计也在不断演变和创新。设计师需要紧跟时代潮流，关注社会热点，将最新的设计理念和技术手段应用到作品中，使作品具有鲜明的时代特色。同时，不同地域、不同民族的文化元素也为视觉传达设计提供了丰富的素材和灵感，使作品更具文化内涵和个性魅力。在数字化多媒体时代，视觉传达设计更是迎来了前所未有的发展机遇。网络广告、数字影视、多媒体互动等新型传播方式的出现，为视觉传达设计提供了更广阔的表现空间和更丰富的表现形式。设计师可以充分利用这些新型媒介的特点和优势，创作出更具创意和感染力的作品，实现信息的快速、准确、高效传递。

2．视觉传达设计的特点

（1）创意与艺术相结合。

普通的赛事信息，在设计师的巧手之下，被赋予了新的生命和意义。设计师运用各种视觉元素，如线条、色彩、形状等，将原本枯燥的数据和信息，转化为富有创意和艺术性的视觉形象。这种转化，不仅仅是对信息的简单图解，更是对赛事精神的深度挖掘和艺术再现。每一个设计细节，都凝聚了设计师的匠心独运。通过巧妙的构思和精湛的技艺，让作品在传达信息的同时，也展现出了独特的艺术魅力。设计师们深知，一个好的视觉传达设计，不仅要能够准确传达信息，更要能够触动人心。因此，在设计中注入了自己对体育的热爱和对艺术的追求，使得每一个作品都充满了生命力和感染力。在这样的设计理念的指导下，体育赛事的视觉传达设计不再仅仅是信息的传递工具，更成为了一种艺术的展现和文化的传承。它让人们在欣赏比赛的同时，也能够感受到艺术的魅力和文化的底蕴。

（2）直观性和易懂性。

设计师们深知，无论设计多么精美、富有艺术感，如果无法被受众迅速理解，那么其信息传递的价值就会大打折扣。因而设计师通常会将复杂的信息以直观、易懂的方式呈现给受众。这种设计思路的背后，是设计师对受众接受信息的习惯和心理的深入理解。设计师深知在快节奏的现代社会中，人们往往没有足够的时间和耐心去仔细解读复杂的信息。所以，直观、易懂的设计可以帮助受众在短时间内快速捕捉到关键信息，从而提高信息的传播效率。为了实现这一目标，设计师们会精心挑选和设计各种视觉元素。设计师运用简洁的线条和形状，明确地标注出各项信息；通过色彩的对比和搭配，突出信息的重点和层次；合理的排版则保证了信息的清晰度和易读性。这些设计手法的综合运用，使得整个设计作品既美观大方，又易于理解。设计师致力于在保持设计美观的同时，尽可能地提高信息的可读性和可理解性。这样无论是资深的体育迷还是对体育不甚了解的观众，都能轻松地从设计中获取所需的信息，从而更好地参与到赛事中来（图5-4、图5-5）。

图5-4 奥运会标志

图5-5 北京冬奥会标志

（3）个性化和差异化。

设计师需要深入了解受众的需求和喜好，根据不同的受众群体和场景特点，设计出符合其需求和期望的视觉形象。这种个性化和差异化的设计方式有助于作品在激烈的市场竞争中脱颖而出，吸引更多受众的关注和认可。而且，设计师需要对受众进行深入的调研和分析，了解受众的兴趣爱好、文化背景、年龄层次等因素，以便更好地满足他们的需求。例如，针对年轻人的体育赛事视觉传达设计可以采用更加时尚、动感的元素，而针对老年人的设计则可以采用更加稳重、传统的元素。同时，设计师还需要根据不同的场景特点进行差异化设计。例如，在室内场馆举办的体育赛事视觉传达设计可以采用更加明亮、鲜艳的色彩，而在户外举办的赛事则需要考虑到环境因素，采用更加耐用、防水的材料和设计。

（4）技术性和专业性。

设计师需要掌握专业的设计知识和技术，熟悉各种设计软件和工具的使用，能够独立完成从设计构思到成品制作的全过程。这种技术性和专业性不仅保证了作品的质量和效果，也提高了设计师的职业素养和竞争力。而且，设计师需要具备扎实的美术基础和设计理论知识，了解色彩、构图、字体等基本元素的运用，以及平面设计、插画设计、动画设计等不同领域的设计技巧。同时，设计师还需要熟悉各种设计软件和工具的使用，如Photoshop、Illustrator、Premiere等，以便更好地完成设计任务。除了技术方面的要求，设计师还需要具备专业的素养和职业道德。设计师需要具备良好的沟通能力和团队合作精神，能够与客户、团队成员等进行有效的沟通和协作。同时，设计师还需要遵守职业道德规范，保护客户的知识产权和商业机密，确保设计作品的质量和安全性。

（5）灵活性和可变性。

随着市场和受众需求的不断变化，设计师必须保持敏锐的洞察力和前瞻性，对设计方案进行及时的调整和优化。这种灵活性确保了设计作品能够紧跟时代潮流，满足观众日益多样化的审美和信息接收需求。在快速变化的市场环境中，传统的、一成不变的设计很容易被淘汰。而体育赛事视觉传达设计的灵活性和可变性，使其能够根据不同赛事的特点、观众群体的差异以及社会文化的变迁，做出相应的调整和创新。比如，在宣传海报的设计上，设计师可以根据不同的体育项目调整色彩搭配、图形元素和版面布局。在赛事标志的设计中，也可以结合赛事的主题和特色，创造出既具有辨识度又能反映赛事精神的符号。此外，随着新媒体技术的发展，视觉传达设计的展示平台和方式也在不断变化。设计师需要考虑到不同媒介的特点，如手机屏幕、电脑显示器、大型广告牌等，以确保设计作品在各种媒介上都能呈现出最佳效果。这种跨媒介的适应性，也是灵活性和可变性的重要体现。体育赛事视觉传达设计的灵活性和可变性，还体现在对突发事件的快速响应上。例如，当赛事因不可抗力因素需要更改时间或地点时，设计师需要迅速调整相关宣传材料，确保信息的准确性和时效性。这种快速应变能力，对于维护赛事品牌形象和确保信息顺畅传递至关重要。

（二）体育赛事视觉传达设计的核心要素

在体育赛事中，色彩的运用不仅要体现赛事的激情和活力，还要与赛事的主题和氛围相契合。比如，在足球比赛中，常采用绿色和蓝色的组合，象征着球场和运动的活力；而在篮球赛事中，则可能更倾向于使用橙色或红色，以体现比赛的热烈和紧张。此外，色彩还可以用来区分不同的队伍或国家，为观众提供更加直观的视觉识别。图形是视觉传达设计中的核心要素，它能够直观地展现赛事的特点和精神内涵。在体育赛事中，图形设计通常包括会徽、吉祥物、奖牌、赛事标志等。这些图形元素不仅要美观大方，还要具有辨识度，能够让观众在第一时间联想到特定的赛事或队伍。文字主要用于传递赛事信息、宣传口号和标语等。文字的设计要注重易读性和视觉冲击力，以便在短时间内吸引观众的注意力并留下深刻印象。同时，文字的风格和语气也要与赛事的主题和氛围保持一致，以增强整体的视觉效果。并且，在体育赛事中，版式设计要注重整体性和协调性，确保各个元素之间既有联系又有区别，共同构成一个和谐而富有层次感的视觉整体。通过合理的版式设计，可以使观众在浏览赛事信息时更加流畅和舒适（图5-6）。

图5-6　2024年巴黎奥运会主视觉设计

二、城市形象的塑造与传播

（一）城市历史文化特色的展现

1．古城的保护与传承

城市，作为人类文明的载体，其历史文化特色是岁月留下的独特印记。在这其中，古迹作为历史的见证者，以其独特的形态和内涵，成为展现城市历史文化特色的重要元素。古迹不仅仅是砖石土木的堆砌，更是时间与空间的交汇，是过去与现在的对话。在展现城市历史文化特色的过程中，古迹的保存显得尤为重要。这些历经沧桑的建筑、雕塑和遗址，如同城市的记忆库，储存着丰富的历史信息。它们的每一砖每一瓦，都诉说着曾经的辉煌与沧桑。然而，在现代城市的快速发展中，古迹往往面临着被破坏或遗忘的威胁。因此，对古迹的精心保护和修复，成为展现城市历史文化特色的前提和基础。而古迹的传承同样至关重要。传承不仅仅是将古迹作为文物进行展示，更是要深入挖掘其背后的历史文化内涵，让更多的人了解和感受到古迹所承载的价值。通过举办各类文化活动、开设历史讲座、制作宣传资料等方式，可以让更多的人走近古迹，了解历史，从而增强对城市的认同感和归属感。此外，在城市的规划和建设中，应充分考虑古迹的特点和价值，将其与周围的环境相协调，形成独特的城市风貌。同时，也可以通过创意设计和现代科技手段，将古迹的元素融入到城市生活的方方面面，让城市的历史文化特色得以更加生动地展现。

2．民俗文化的弘扬与发展

民俗文化，这一城市生活的独特印记，深深地烙印在每一个城市的脉络之中。它不仅是一种文化的传承，更是城市居民智慧和情感的积淀，历经岁月的洗礼，成为城市历史文化不可或缺的一部分。对民俗文化的弘扬，既是对过去的致敬，也是对未来的期许，它代表着对城市历史文化的深切尊重和持续传承。置身于任何一个城市，都不难发现其独有的民俗风情。这些独树一帜的风俗习惯，宛如历史的见证者，讲述着一代代城市居民的生活方式与变迁。它们蕴含着丰富的地方特色和鲜明的民族风情，每每提及，都能激起人们对这座城市的无尽遐想。比如北方的庙会、南方的舞龙舞狮，每一种民俗都代表着当地人的生活态度和情感寄托。为了让这些珍贵的民俗文化不被遗忘，并得到更广泛的传播，各个城市都在努力举办丰富多彩的民俗活动。每逢佳节或特定的纪念日，人们身着传统服饰，按照古老的仪式进行庆祝，仿佛时光倒流，重现了那个年代的盛况。与此同时，民间工艺品的展示也成为一道亮丽的风景线。无论是精致的剪纸、别致的泥人，还是那些独具匠心的竹编、刺绣，都让人们为之惊叹，对传统文化的敬仰之情油然而生。

更为值得一提的是，随着社会的进步和科技的发展，城市居民在坚守传统的同时，也不断地为其注入新的元素和活力。比如，一些地方将传统的民谣与现代音乐元素结合，创作出既具有古典韵味又不失现代感的音乐作品；还有的地方将古老的手工艺与现代设计理念相融合，打造出了既实用又具有收藏价值的艺术品。这种传统与现代的完美结合，不仅让民俗文化焕发出了新的生机，也使其更加贴近现代人的生活，得到了更多年轻人的喜爱和追捧。在这样的背景下，民俗文化不再是历史的陈迹，而是成为了一种时尚，一种潮流，引领着人们去追寻那份属于自己的文化根源。此外，越来越多的城市也开始将民俗文化作为一张重要的文化名片来打造。通过精心策划的民俗旅游线路，游客可以深入体验到当地的风土人情，感受到那份独特的文化魅力。而民俗文化村的建设，更是为游客提供了一个全方位、沉浸式的文化体验空间。在这里，人们不仅可以亲眼欣赏到各种民间技艺的精湛表演，还可以亲手尝试制作那些传统的民间工艺品，真正做到了寓教于乐，让人们在轻松愉快的氛围中深入了解并爱上这些璀璨的民俗文化。

（二）城市现代化形象的打造

1. 城市规划与建筑设计

城市规划，这是一个关乎城市未来的重要环节，为城市的发展描绘了一幅详尽的蓝图。它不仅涉及城市的整体布局，还细致入微地规划了城市的交通流线和各功能区域。每一个城市，无论大小，都需要一个明确的规划来确保其有序、和谐的发展。这样的规划，如同一个智慧的导航，为城市的每一个角落提供了明确的发展方向。而一个追求现代化形象的城市，其规划更是要精益求精。空间的合理利用成为了关键，不仅要确保商业区、居住区、文教区和工业区等各个功能区域之间的和谐与连贯，还要注重这些区域内部的细致规划。例如，商业区应该位于交通便利的地段，吸引人流，促进经济的发展；居住区则应该远离嘈杂的工业区和交通要道，为居民提供一个安静、舒适的生活环境；文教区汇聚了众多的学校和科研机构，为城市的未来发展注入了源源不断的智力支持；工业区则集中了众多的生产企业，为城市创造了巨大的经济价值。而这一切，都得益于那份精心制定的城市规划。与此同时，每一座建筑，都如同城市的一颗璀璨的明珠，闪烁着独特的光芒。其设计风格、使用的材料和细部处理，都直接影响着城市的整体形象。现代化的建筑设计，早已不再满足于简单的实用功能，更追求与环境的和谐共生，与时代的紧密相连。

玻璃幕墙、钢结构等现代建筑材料成为建筑设计的首选。这些材料不仅使建筑外观更加轻盈、通透，还赋予了建筑一种时代感。特别是在阳光的照射下，玻璃幕墙熠熠生辉，与周围的环境形成了美妙的呼应。而钢结构则以其坚固与轻盈并存的特点，为建筑提供了稳固的支撑，同时也展现了一种力与美的完美结合。其中，绿色建筑和可持续发展的理念在现代建筑设计中也占据了重要的地位。这不仅是为了响应全球环保的号召，更是为了创造出真正以人为本、与自然和谐共生的建筑。例如，很多现代建筑都配备了太阳能发电系统、雨水收集系统等，旨在减少环境负担，同时也为居民提供了更为舒适、健康的生活环境。当然，除了建筑本身，城市中的其他元素也为城市的现代化形象增添了不少色彩。城市雕塑、园林景观等，都是城市文化的重要组成部分。它们与建筑相辅相成，共同构建了一个充满活力与魅力的城市空间，不仅丰富了城市的视觉焦点，还为城市居民提供了休闲娱乐的好去处，进一步提升了城市的生活品质。

2．城市文化与科技融合

一个城市的现代化形象，并不仅仅体现在高楼大厦和先进的基础设施上，更体现在其独特的文化氛围和科技应用上。在打造现代化城市形象的过程中，保护和传承城市文化至关重要。通过挖掘和弘扬城市的历史文化，建设博物馆、艺术馆等文化设施，举办各类文化活动，可以有效地提升城市的文化品位和影响力。同时，将传统文化与现代设计相结合，创造出具有地方特色的城市景观和公共艺术品，也是塑造城市现代化形象的重要手段。而随着科技的飞速发展，越来越多的高科技产品和应用被引入到城市建设中来。智能交通系统、智能家居、物联网等技术的应用，不仅提高了城市居民的生活质量，也为城市的管理和服务带来了极大的便利。此外，科技还可以助力城市的可持续发展。例如，通过应用新能源技术和节能环保材料，可以降低城市的能源消耗和环境污染；通过大数据和人工智能技术，可以优化城市的资源配置和交通布局。因此，将城市文化与科技相融合，不仅可以提升城市的现代化形象，还可以促进城市的可持续发展。这种融合使城市在保留历史文化底蕴的同时，也展现出充满活力和创新精神的现代化风貌。

（三）城市人文精神的传达

1．历史积淀与现代风貌的交融

每一座城市都有其独特的历史背景和文化底蕴，这些历史印记不仅镌刻在古老的建筑和遗址上，更融入到了城市的血脉之中，成为城市人文精神的重要组成部分。古老的建筑、悠久的传统、丰富的文化遗产，这些都是城市历史积淀的具体体现。它们见证了城市的兴衰变迁，承载着先人的智慧和情感。这些历史元素不仅为城市增添了厚重的文化底蕴，更为城市居民提供了一种归属感和认同感，使他们能够自豪地传承和弘扬城市的人文精神。而现代风貌是城市人文精神的另一重要表现。高耸的建筑、繁华的街道、便捷的交通，这些都是现代城市的标志。它们代表了城市的活力和创新，展现了城市居民追求美好生活的愿望和努力。现代风貌的塑造，不仅提升了城市的形象和品质，更为城市人文精神的传达提供了新的载体和途径。在城市规划和建设中，应充分尊重和保护历史文化遗产，同时也要注重现代元素的融入和创新。通过巧妙的设计和布局，将历史与现代、传统与创新相结合，使城市在保持其独特文化特色的同时，也能够适应现代社会的发展需求。此外，城市人文精神的传达还需要通过各种形式的文化活动来实现。举办历史文化节、艺术展览、民俗表演等活动，可以让更多的人了解城市的历史和文化，感受到城市人文精神的魅力。同时，这些活动也能够促进城市居民之间的交流和互动，增强城市的凝聚力和向心力。

2．生活气息与人文关怀的彰显

城市不仅是人们居住和工作的空间，更是人们生活的舞台。在这座舞台上，每一个细节都透露着城市的人文关怀和生活气息。无论是街头巷尾的小吃摊、熙熙攘攘的市场，还是公园里的晨练人群、社区里的文化活动，这些都是城市生活气息的具体展现。它们反映了城市居民的生活方式和习惯，也展现了城市的多元和包容。在这些看似平凡的场景中，人们能够感受到城市的温度和活力，体会到城市人文精神的独特魅力。人文关怀则是城市人文精神的核心所在。它体现在城市对每一个居民的关心和照顾上，无论是老人、孩子还是残障人士，都能在城市中找到属于自己的归属感和幸福感。城市的公共设施、社会福利、教育医疗等方面都体现了人文关怀的精神。对此，城市管理者应注重提升城市的品质和形象，打造宜居宜业的环境；而居民则应积极参与到城市的建设和发展中来，共同营造和谐、美好的城市氛围。此外，媒体和社交平台也是传达城市人文精神的重要途径。通过报道城市的生活故事、传播城市的正能量，可以让更多的人了解城市的人文特色和精神风貌。同时，这些平台也能够激发居民对城市的热爱和归属感，促进城市的和谐发展。

（四）城市旅游资源的推广

1．挖掘城市特色，精准定位旅游资源

每个城市都有其独特的历史、文化、自然景观和民俗风情，这些元素共同构成了城市的魅力所在。通过对这些特色的精准定位和深入挖掘，可以有效地吸引游客的目光，提升城市的吸引力。而推广城市旅游资源，需要充分展现城市的历史底蕴，如古老的建筑、历史遗迹、传统手工艺等。这些元素不仅是历史的见证，更是文化的传承。通过修缮保护这些历史遗迹，结合现代科技手段进行展示，可以让游客在游览城市的同时，感受到历史的厚重和文化的魅力。此外，无论是秀美的山水、广袤的草原，还是独特的地貌、珍稀的动植物，都能成为城市旅游的一大亮点。通过保护和开发这些自然景观，结合生态旅游的理念，可以为游客提供与众不同的旅游体验。除了历史文化和自然景观，城市的民俗风情也是吸引游客的重要元素。独特的节庆活动、地道的美食、传统的艺术形式等，都能让游客感受到城市的独特韵味。通过举办各类文化活动和节庆庆典，展示城市的民俗风情，可以吸引更多游客前来体验。

2．创新营销策略，扩大城市旅游影响力

随着科技的发展和社交媒体的普及，传统的营销方式已经无法满足现代旅游市场的需求，这就需要采用更加多元化、互动性强的营销策略来吸引游客。借助互联网平台，特别是社交媒体，进行线上营销推广是一种有效的方式。通过开设官方微博、微信公众号等社交媒体账号，定期发布城市的旅游资讯、景点介绍、旅游攻略等内容，可以吸引更多潜在游客的关注。同时，与旅游达人、意见领袖合作，邀请他们来城市体验并分享旅游心得，也能进一步提升城市的知名度。除了线上营销，线下活动同样重要。可以举办各类旅游节庆活动、文化展览、体育赛事等，吸引游客前来参与。此外，与旅游机构合作，推出特色旅游线路和产

品，也能满足不同游客的需求。为了进一步提升城市旅游的影响力，还可以考虑与国际旅游组织、其他城市或地区进行合作。通过联合推广、资源共享等方式，扩大城市的旅游市场份额。同时，加强与国际媒体的合作，提升城市在国际上的知名度。

三、体育赛事视觉传达设计对城市形象的影响

（一）提升城市知名度与美誉度

1．体育赛事视觉传达设计对城市知名度的提升

体育赛事视觉传达设计，作为现代城市推广自身形象的重要手段，对于提升城市的知名度具有显著作用。在举办大型体育赛事时，精心设计的视觉传达方案能够吸引全球媒体和观众的目光，使城市的名字和形象频繁出现在国际舞台上。这种高频次的曝光，无疑会极大地提高城市的知名度。体育赛事视觉传达设计的核心在于创造独特而引人入胜的视觉符号，这些符号不仅代表了赛事本身，更在潜移默化中成为了城市的标志。例如，奥运会的五环标志，在传递奥林匹克精神的同时，也让举办城市的形象深入人心。每当人们看到这个标志，就会自然而然地联想到那座曾经举办过奥运会的城市，这种关联效应极大地提升了城市的知名度。此外，体育赛事视觉传达设计还包括了赛事海报、宣传册、电视广告等多种形式。这些宣传材料通过精美的设计和富有创意的构思，将城市的特色和文化巧妙地融入其中，使得每一次的宣传都是对城市形象的一次精彩展示。随着这些宣传材料的广泛传播，城市的知名度也会随之提升。因此，体育赛事视觉传达设计在提升城市知名度方面发挥着重要作用。通过独特而富有吸引力的视觉符号和多元化的宣传方式，它能够让城市的名字和形象深入人心，从而在全球范围内提升城市的知名度。

2．体育赛事视觉传达设计对城市美誉度的增强

精心设计的体育赛事视觉传达方案，能够在展示体育赛事的同时，巧妙地传递出城市的文化底蕴、发展活力和宜居环境等多方面的信息，从而增强城市的美誉度。体育赛事视觉传达设计中的元素，如标志、色彩、图案等，都是城市文化的直观体现。设计师通过巧妙地将这些元素与城市特色相结合，打造出独具一格的赛事视觉形象，让人们在欣赏体育赛事的同时，也能感受到城市文化的独特魅

力。这种文化的传递和共鸣，无疑会提升人们对城市的好感和认同，进而增强城市的美誉度。此外，通过设计，可以展现出城市现代化的基础设施、优美的自然景观和和谐的社会氛围等，让人们看到一座充满活力和希望的城市。这种正面的城市形象，不仅能够吸引更多的游客和投资者，还能够在全球范围内提升城市的美誉度。

（二）增强城市文化内涵与底蕴

1．体育赛事视觉传达设计丰富城市文化内涵

在体育赛事中，视觉传达设计通过图形、色彩、文字等多种元素的巧妙组合，不仅传递了赛事信息，更在无形中为城市文化注入了新的活力。设计师在创作过程中，深入挖掘城市的历史、民俗、艺术等多元文化元素，将其融入赛事视觉传达设计中。这种融合不仅使设计作品具有鲜明的地域特色，也让观众在欣赏赛事的同时，能够领略到城市文化的独特魅力。例如，在一些国际性的体育赛事中，主办方常将城市的标志性建筑、风景名胜或传统文化符号作为设计元素，通过海报、宣传册、视频等形式，向全球展示城市的独特文化风貌。此外，体育赛事视觉传达设计还通过创新的表达方式，为城市文化的传播提供了新的路径。在数字媒体时代，设计师运用先进的视觉技术和创意手法，打造出富有动感和现代感的视觉作品。这些作品在社交媒体、电视广告、户外广告等多渠道广泛传播，吸引了大量观众的关注，进一步扩大了城市文化的影响力。因此，体育赛事视觉传达设计在丰富城市文化内涵方面发挥了积极作用。它通过挖掘和传承城市文化元素，以及运用现代视觉设计手法，为城市文化注入了新的活力，使其更加丰富多彩、独具魅力。

2．体育赛事视觉传达设计提升城市文化底蕴

体育赛事作为城市文化的重要组成部分，其视觉传达设计自然承担着展示和提升城市文化底蕴的重任。设计师通过深入挖掘城市的历史文化、民俗风情以及现代文明成果，将其巧妙地融入视觉传达设计中。这种融合不仅增强了设计的艺术性和观赏性，更让观众在欣赏设计作品的同时，能够深刻感受到城市文化的厚重和博大。体育赛事视觉传达设计的重要性不言而喻。它不仅是体育赛事的重要组成部分，更是展示城市文化底蕴的重要窗口。同时，体育赛事视觉传达设计还通过创新的表现手法和传播渠道，为城市文化的传承和发展注入了新的活力。例

如，借助数字媒体技术，设计师可以打造出更具互动性和沉浸感的视觉作品，让观众在参与和体验中更加深入地了解城市文化。此外，通过与旅游、教育等领域的跨界合作，体育赛事视觉传达设计还可以推动城市文化的多元化发展，进一步提升城市的文化底蕴。

（三）吸引投资与旅游，促进经济发展

1．体育赛事视觉传达设计是吸引投资的强大引擎

一个精心设计的体育赛事视觉形象，不仅能够展现出赛事的独特魅力，更能够吸引投资者的目光，为赛事的成功举办注入源源不断的动力。在吸引投资方面，视觉传达设计的作用尤为突出。一方面，优秀的视觉设计能够提升赛事的品牌形象。通过运用富有创意的图案、色彩和字体，设计师将赛事的主题、理念和特色巧妙地融入视觉元素中，使得整个赛事呈现出独特而鲜明的风格。这种风格不仅能够增强观众对赛事的记忆点，还能够让投资者感受到赛事的专业性和品质保证，从而增加其投资的兴趣和信心。另一方面，视觉传达设计还能够有效地传递赛事的商业价值。设计师通过对赛事的深入分析，挖掘出其中的商业价值点，并将其通过视觉元素进行呈现。例如，通过展示赛事的观众规模、媒体曝光度、市场潜力等信息，投资者可以更加直观地了解赛事的商业前景和回报预期。这种直观而有力的信息传递方式，有助于消除投资者的疑虑和顾虑，促使其成为赛事的合作伙伴。此外，视觉传达设计还能够为赛事营造积极的舆论氛围。通过设计富有感染力的宣传海报、视频和社交媒体素材，设计师能够激发公众对赛事的关注和热情，从而为投资者带来更好的商业回报。当投资者看到赛事受到如此广泛的关注和喜爱时，其自然会更加愿意投入资金和资源来支持赛事的举办。

2．体育赛事视觉传达设计是促进旅游经济发展内在动力

在当今旅游市场竞争日益激烈的时代，一个独具特色的体育赛事视觉形象，往往能够成为吸引游客的亮点，为举办城市带来可观的经济效益。通过设计富有地域特色和文化内涵的赛事视觉形象，设计师能够将城市的独特魅力展现给游客。这种视觉形象不仅能够在赛事期间吸引游客的目光，还能够在赛后成为城市的一张名片，持续吸引着游客前来探访。而且，设计师可以通过设计富有创意的赛事纪念品、宣传品和互动体验项目，让游客在参与赛事的过程中感受到更多的乐趣和惊喜。这些独特的旅游体验不仅能够增加游客的满意度和忠诚度，还能够

通过游客的口碑传播，吸引更多的潜在游客前来体验。此外，随着赛事的举办和游客的涌入，酒店、餐饮、交通等相关产业也将迎来发展机遇。这些产业可以借助赛事的视觉形象进行宣传和推广，吸引更多的消费者。同时，赛事的举办也将为这些产业提供更多的就业机会和收入来源，促进经济的繁荣和发展。

（四）激发市民归属感与自豪感

1. 体育赛事视觉传达设计与市民归属感的培育

在城市的大型体育赛事中，视觉传达设计往往融合了地域文化、历史传统和现代元素，这些元素与市民的日常生活紧密相连，从而在视觉上形成了一种共鸣。当市民看到这些富含本土特色的设计时，会不自觉地产生一种亲切感和认同感，这种认同感正是归属感的基石。在视觉传达设计中，对于城市标志性建筑、地标或历史事件的巧妙运用，能够迅速唤起市民对家乡的回忆和情感。比如，将城市的标志性建筑与赛事标志相结合，或者在赛事海报上呈现与城市历史相关的元素，都能让市民在视觉上感受到家乡的独特魅力和文化底蕴。这种视觉上的呈现，不仅让市民在心灵深处与家乡产生了更紧密的联系，也让市民更加珍视和传承自己的文化。此外，体育赛事视觉传达设计还通过统一的视觉风格和色彩调性，为市民创造了一种统一的视觉体验。这种统一的视觉体验，在赛事期间成为了一种共同的语言，让市民能够轻易地识别出与自己城市相关的元素和信息。不仅加强了市民之间的情感联系，也让市民更加愿意主动参与到赛事中来，从而进一步增强了他们的归属感。因此，体育赛事视觉传达设计在培育市民归属感方面发挥着重要作用。它通过独特的视觉语言和符号系统，让市民在视觉上产生共鸣和认同感，从而加强了市民对城市的归属感和依恋之情。

2. 体育赛事视觉传达设计与市民自豪感的激发

在大型体育赛事中，优秀的视觉传达设计能够巧妙地将城市的辉煌历史、独特文化和现代成就融入其中，从而塑造出一个积极、正面的城市形象（图5-7）。当市民看到这些设计时，会为自己所在城市的辉煌历史和独特文化感到骄傲，同时也会为城市在现代社会中取得的成就感到自豪。视觉传达设计中的元素，如赛事标志、海报和宣传片等，都是传递城市形象的重要载体。通过这些设计，市民可以更加直观地了解到城市的特色和优势，从而增强对城市的认同感和自豪感。例如，当赛事标志融合了城市的标志性建筑或文化元素时，市民会自然而然地联想到这些具有代表性的城市符号，进而产生对城市的自豪之情。此外，体育赛事视觉传达设计还能够通过展示城市的体育精神和运动员的拼搏精神，来进一步激发市民的自豪感。当市民看到自己所在城市的运动员在赛场上奋力拼搏、为国争光时，他们会为这种体育精神和爱国情怀所感动，进而为身为这座城市的一员而感到自豪。

图5-7　巴黎奥运会视觉识别系统设计

参考文献

［1］钟秉枢，张建会，蒋家珍，等．制度变迁、城市遴选、市场开发［M］．北京：北京体育大学出版社，2011.

［2］袁守龙．竞技体育赛事组合系统结构的优化与控制［M］．北京：北京体育大学出版社，2009.

［3］雍明，徐建荣，任浩．体育赛事评价指标体系构建与应用研究［M］．南京：南京大学出版社，2021.

［4］陶卫宁．体育赛事策划与管理［M］．重庆：重庆大学出版社，2015.

［5］王凯，李冉冉，汪逢生．体育赛事媒体版权运行理论与实践［M］．南京：南京大学出版社：人文体育研究文库，2022.

［6］王晓东．体育赛事营销传播［M］．北京：北京体育大学出版社 2011.

［7］陈莉，孙紫婷，蒋畅．体育赛事与武汉城市发展耦合协调研究［J］．体育科技文献通报，2022，30（12）：213-216.

［8］张瑞，吕兴洋，周欣平．体育赛事与办赛城市发展的耦合研究——以成都市为例［J］．四川体育科学，2022，41（06）：11-15，65.

［9］刘勇，耿文光，翁李胜．体育赛事感知视角下城市建设绩效的影响研究：基于南京市的实证［J］．体育与科学，2022，43（06）：86-95，106.

［10］吴频波．承办标志性体育赛事对城市旅游经济发展的影响研究［J］．经济师，2022（10）：239-240.

［11］李国辉，胡永红，艾安丽．特色品牌体育赛事提升韶关城市形象策略研究［J］．韶关学院学报，2022，43（09）：77-82.

［12］张志刚．论体育赛事对城市发展的推动作用——评《城市体育战略》［J］．现代城市研究，2022（01）：135-136.

［13］李欣．城市体育赛事与城市发展的时序演化及耦合研究［J］．广州体育学院学报，2021，41（04）：36-40.

［14］王永杰，陈林会，刘青．大型体育赛事促进城市形象传播的价值、经验与推进路径［J］．体育文化导刊，2022（06）：36-41，61.

［15］夏伯荣．体育赛事与城市休闲体育产业耦合现象研究［J］．文化产业，

2022（17）：148-150.
［16］仇军. 城市体育赛事与城市发展的耦合与互动——《中国赛事产业链与城市发展研究》述评［J］. 体育科学研究，2022，26（02）：1-5.
［17］陈叙，刘露，鸦新颖. 我国城市景观体育赛事可持续发展的实践困境与路径研究［J］. 四川体育科学，2022，41（04）：11-15.
［18］李赟靖，李艳茹. 承办大型体育赛事对城市体育文化发展影响研究——以西安市举办第十四届全运会为例［J］. 当代体育科技，2022，12（20）：122-125.
［19］姚芳虹，钱俊伟，王东敏. 大型体育赛事危机源头治理——基于奥运公共卫生危机的经验与启示［J］. 体育与科学，2023，44（01）：78-86.
［20］高忠锡. 大型体育赛事对城市经济发展的影响研究［J］. 现代商贸工业，2022，43（19）：39-40.
［21］邵佳玮，陈林华. 人民城市理念下大型体育赛事发展方式研究［J］. 当代体育科技，2022，12（23）：131-134，158.
［22］韩玉彬. 我国体育赛事文化品牌培植环境的SWOT分析［J］. 安徽体育科技，2022，43（05）：11-13，31.
［23］吴诗晨. 体育赛事对城市经济的影响［J］. 商业文化，2021（24）：36-37.
［24］张洁，李灿珉，汤承钦. 大型体育赛事助力城市文化品牌形象建构的研究——以深圳市为例［J］. 体育成人教育学刊，2021，37（04）：34-40，95.
［25］苑琳琳，李祥林. 体育赛事举办与城市韧性建设关系及融合发展路径研究［J］. 体育与科学，2021，42（04）：91-103.
［26］吴迪. 基于体育赛事视域下的城市竞争力发展策略研究［J］. 西安电子科技大学学报（社会科学版），2021，31（02）：8-13.
［27］李凡. 体育赛事提升城市品牌形象的作用与策略研究［J］. 体育世界（学术版），2019（08）：43，38.
［28］周洪松. "一带一路"视野下体育赛事与城市发展战略研究［J］. 吉林省教育学院学报，2019，35（07）：123-126.
［29］谢强. 体育赛事的城市营销研究［J］. 现代营销，2019（05）：133.
［30］王馥瑶. 城市体育赛事旅游发展研究［J］. 合作经济与科技，2019（06）：

42-43.

[31] 方文利. 嵌入周期性体育赛事对城市体育旅游的影响——以全国绿色运动健身大会为例［J］. 池州学院学报，2020，34（06）：101-104.

[32] 曾婷，刘倩，王硕. 城市承办大型体育赛事的生态增效路径研究［J］. 辽宁体育科技，2021，43（04）：61-64.

[33] 刘俊峰，崔永衡. “一带一路”节点城市体育赛事比较研究及发展方向探析［J］. 黄冈师范学院学报，2018，38（06）：105-108.

[34] 叶思，王卫宁. 浅析资源枯竭型城市运用体育赛事营销提升其美誉度——以湖北黄石为例［J］. 当代体育科技，2018，8（35）：193-194.

[35] 张程，谢琛. 体育赛事与城市影响力提升实践——以2018年亚洲羽毛球锦标赛为例［J］. 当代体育科技，2018，8（31）：233-234，236.

[36] 何丰，张秀萍，王光. 上海体育赛事与城市旅游互动融合研究［J］. 体育科研，2017，38（02）：33-43.

[37] 周美芳，黄卓，程其练. 大型体育赛事驱动城市国际化发展研究——以天津为例［J］. 江西社会科学，2017，37（02）：246-251.

[38] 和立新，姚路嘉. 基于潜变量发展模型的国际体育中心城市构建研究——以北京、上海体育旅游与体育赛事互动为视角［J］. 北京体育大学学报，2016，39（12）：20-27.

[39] 姜付高，曹莉. 大型体育赛事对城市旅游空间结构影响及其优化研究——以日照打造“水上运动之都”为例［J］. 北京体育大学学报，2016，39（11）：38-44，111.

[40] 张徐婷，孟思彤，钟静怡，等. 双元创新视角下城市品牌建设与地方创新创业活跃度［J］. 老字号品牌营销，2024，（07）：25-27.